(Couverir la Couverture)

Science nouvelle : L'ONOMATOLOGIE

LE CARACTÈRE PAR LE PRÉNOM

*Suivi de la liste des Prénoms usuels
avec l'explication des qualités et défauts que chacun d'eux
impose à celui qui le porte*

PAR

A. DE ROCHETAL

PROFESSEUR DE GRAPHOLOGIE

1° Tout prénom donné à la naissance
et porté par l'enfant lui impose pour la
vie un ensemble de qualités et de défauts,
car le prénom subit fatalement l'influence
bonne ou mauvaise du type originel.

2° On peut donc avoir un enfant de
bon ou de mauvais caractère en lui
donnant un prénom bon ou mauvais.

PARIS

PAUL BISCHOFF, ÉDITEUR

6, RUE DE NAVARIN, 6

—

Tous droits réservés

LE CARACTÈRE
PAR LE PRÉNOM

OUVRAGES DU MÊME AUTEUR :

Une Science nouvelle : **L'ONOMATOLOGIE**

LE CARACTÈRE
PAR LE PRÉNOM

*Suivi de la liste des Prénoms usuels
avec l'explication des qualités et défauts que chacun d'eux
impose à celui qui le porte*

PAR

A. DE ROCHETAL

PROFESSEUR DE GRAPHOLOGIE

1° Tout prénom donné à la naissance et porté par l'enfant lui impose pour la vie un ensemble de qualités et de défauts, car le prénom subit fatalement l'influence bonne ou mauvaise du type originel.

2° On peut donc avoir un enfant de bon ou de mauvais caractère en lui donnant un prénom bon ou mauvais.

PARIS

PAUL BISCHOFF, ÉDITEUR

6, RUE DE NAVARIN, 6

ONOMATOLOGIE

LE CARACTÈRE PAR LE PRÉNOM

ONOMATOLOGIE

TEL PRÉNOM TEL CARACTÈRE

Je vais faire connaître aujourd'hui une science extra-ordinaire, fruit de vingt années d'études et d'observations : l'Onomatologie.

L'*Onomatologie* pose en principe que le prénom donné à l'enfant dès sa naissance, et porté par lui, lui imprime des goûts, des passions, un tempérament, un ensemble de qualités et de défauts qu'il lui est par la suite difficile de corriger.

D'où l'axiome : *Tel prénom tel caractère.*

Comme conséquence : on peut donc avoir un enfant de bon ou mauvais caractère, en lui donnant un prénom bon ou mauvais.

SCIENCE NOUVELLE

Habituellement une science dérive toujours d'une autre ; un homme arrive, ramasse des fragments épars, des théories ébauchées, en forme un système qu'il proclame nouveau et qui ne l'est pas. Telle la Phrénologie de Gall, la Physiognomonie de Lavater, la Graphologie de Michon ; et souvent l'histoire laisse à ces hommes de génie leur titre glorieux de créateurs.

Eh bien ! l'axiome « *Nil novum sub sole* » ne s'applique pas à l'*Onomatologie*. Cette science n'a pas de précédent ;

elle est nouvelle entièrement par sa théorie, car jamais personne n'a dit ou soupçonné que le prénom donné à un enfant lui donnait un caractère bon ou mauvais.

Tel prénom tel caractère, phrase simplement émise, eût été taxée de folie et d'absurdité ; et c'est ainsi que, sans réflexion, l'on va traiter l'*Onomatologie*.

Rien ne peut rendre la joie du savant sur la voie d'une découverte lorsque, parti de l'absurde, il arrive à trouver vraisemblables ses théories les plus osées, puis à grouper des coïncidences nombreuses, puis à établir des preuves morales, matérielles, évidentes, enfin des règles.

Il en advint ainsi de l'*Onomatologie*.

J'imaginai cette chose absurde d'un nom correspondant à un caractère, ceci remonte à l'année 1890 : j'ignorais à cette époque déjà lointaine que l'homme ne pouvant rien créer, puisque cette idée avait germé dans mon cerveau, c'est qu'elle avait sa raison d'être, c'est qu'elle était vraie et que je l'avais vue réellement : de l'existence à la preuve il y a le travail.

J'ai prononcé le mot de théorie absurde ; bientôt le savant *ex libris* le prononcera, puis l'esprit fort, puis la masse... Dans cinquante ans, trente ans peut-être, le sourire actuel d'ironie sera devenu la grimace de mépris envers les gens assez peu instruits pour ignorer cette chose si simple : Tel nom tel caractère.

RÈGLES ONOMATOLOGIQUES

1° *Tout prénom* donné à la naissance et porté par l'enfant, *lui impose pour la vie un ensemble de qualités et de défauts* qui font plus tard sa personnalité.

2° *Le prénom est celui* donné à l'enfant *et qu'il porte plus tard.* Un changement de nom à une certaine époque, ou le pseudonyme adopté, font partie des exceptions à examiner.

3° Tout prénom suit fatalement les influences bonnes ou mauvaises du type originel.

4° *Les parents peuvent avoir un enfant de bon ou mauvais caractère* en lui donnant un prénom bon ou mauvais. La mère, avant la naissance, est un agent de premier ordre, car c'est elle qui choisit habituellement le nom à donner. Toute famille, *tout jeune ménage doit donc avoir notre dictionnaire onomatologique*, tant pour eux-mêmes que pour leurs enfants.

5° La signification absolue du nom peut être altérée plus ou moins par des influences accidentelles ou locales, telles que l'atavisme, la famille, la région, les mœurs locales, la maladie, et dont *il faut tenir compte* avant de porter un jugement définitif.

6° *Il y a des noms par époques*; leur fréquence suit ou précède chaque grand changement dans les nations. Il y en a qui ont disparu, et d'autres qui se donnent plus souvent, selon que certaines qualités nationales ont disparu ou s'accentuent. La fréquence de tels noms caractérise une époque.

7° *Chaque race* ayant sa physionomie comme son caractère particulier, *a aussi des prénoms qui lui sont propres*, mais ces noms peuvent se retrouver dans d'autres races. Alors d'une façon générale le nom étranger correspondant au nôtre a la même signification. De même un nom français donné à un étranger l'influence dans le sens français.

8° *Notre dictionnaire contient les caractères types* DES NOMS FRANÇAIS, *et ne concerne que la France*, mais, les principes qui régissent les noms français étant vrais partout, chaque nation pourra se créer son dictionnaire onomatologique.

ORIGINE DU SAVOIR HUMAIN

Le monde est né, il marche, il mourra sans jamais connaître la cause de sa naissance, de son mouvement et de sa mort. L'homme, jeté sur la terre, est, comme elle, à jamais ignorant de son origine et de sa fin.

Tout est réglé, par qui ? Par Dieu, répondent les uns, par la Nécessité, répondent les autres.

Les mouvements imprimés à la masse par une cause ou par une autre sont les mêmes, avec quelques modifications extérieures bien minimes. Les choses passées se reproduisent exactement les mêmes ; l'Histoire est là pour nous renseigner sur les vicissitudes humaines ; la Géologie sur les transformations terrestres ; l'Astronomie sur les mondes qui tournent dans l'espace et qui, malgré leur énorme distance, nous influencent encore.

Si les géologues peuvent reconstituer les différents âges du globe ; si les Cuvier ont pu, par l'inspection d'un ossement, reconstituer un être organisé ; si les astronomes peuvent dire le chemin parcouru et à parcourir par un astre quelconque ; si le paysan qui regarde le ciel chargé de nuages peut dire s'il fera beau ou s'il pleuvra le lendemain ; si l'historien, comparant les civilisations mortes, arrive à en retrouver d'autres qui manquent d'histoire ; si le médecin nous explique notre tempérament, et, d'après les accidents survenus dans notre organisme, prédit à date certaine notre mort ou notre guérison ; si nous-mêmes, avec notre faible entendement, arrivons à prévoir, à bref délai, certains événements dont la réalisation nous donne raison, c'est que tout ce qui arrive a son germe comme l'arbre ou l'épi de blé, et que nous sommes tous doués plus ou moins de la faculté de voir ce germe et de prévoir ce qu'il donnera. Prévoir une heure à l'avance, un jour, un an, un siècle, c'est toujours prévoir, c'est-à-dire faire un calcul mental plus ou moins compliqué d'après des données exactes.

Toute chose est en germe, toute chose est en marche. L'aigle qui, planant au plus haut des airs, aperçoit dans le lointain une tortue regagnant sa demeure, descend comme une flèche vers une autre tortue et lui dit : « Dans un jour, dans un mois tu reverras ta compagne ». Le sociologue, combinant les événements passés avec les présents, nous annonce que telle chose [surviendra [dans dix ans ou dans cinquante.

Pour la tortue l'aigle est un prophète ; pour nous le sociologue est un prophète. Cependant l'aigle a vu, le sociologue a calculé.

A quoi sert d'être incrédule et de jouer à l'esprit fort ?

Dans le domaine de l'inconnu, du surnaturel, le mieux est de tout croire sans réfléchir. Que sont les prophètes anciens et modernes, sinon de *profonds observateurs* de nos pauvres cervelles. Nous croyons être impénétrables, et... moutons nous bêlons, loups nous hurlons, corbeaux nous croassons, ânes nous mettons une peau de lion et brayons pensant rugir. Ah ! le bout de l'oreille, le cri, la laine, etc. Tout l'extérieur de l'homme, malgré son masque, décèle ce qui se passe dans son intérieur, et ceux qui le regardent attentivement, et le devinent, ne sont pas toujours des prodiges d'intelligence.

L'homme dans son orgueil a dit : « Je suis libre ; je puis aller où bon me semble ; je puis vouloir, nulle force n'entrave ma force ». Illusions que l'on doit encourager, parce que là, peut-être, est le secret de la marche progressante des choses.

Mais l'étude des sciences d'observation, reliées étroitement aux sciences dites occultes, arrive à ce résultat : le libre arbitre n'existe pas, ni le hasard.

L'influence que l'homme s'attribue sur les événements

d'ordre physique, politique ou religieux de son temps, sur les actes plus intimes des individus, est une influence purement de relation : il n'est qu'un moyen.

L'homme croit agir de sa propre autorité, il se trompe. Je me suis appliqué à démontrer que, dans ses actes qu'il croit les plus volontaires, il obéit à une force inconnue ; les sciences d'observation le prouvent.

Pour ne citer qu'une science : la Phrénologie nous enseigne que l'individu naît avec des facultés et inclinations plus ou moins fortes, des résistances plus ou moins faibles, des perceptions plus ou moins fines, le tout localisé dans les circonvolutions cérébrales. Que nous allions à gauche ou à droite, ou que nous restions immobiles, nous sommes poussés par une force intime et inconsciente du cerveau, organe dont la forme est différente chez chacun de nous et immodifiable.

Nous avons encore la Physiognomonie, la Graphologie, l'Astrologie, la Météorologie, l'art divinatoire par les oiseaux, les épingles, les cartes ; les gestes, le regard, la parole, le rêve, la marche, l'usure des souliers, les couleurs préférées ; la façon de se coiffer, de s'habiller ; tout geste extérieur correspond à une tendance, à tel tempérament. Voici maintenant l'*Onomatologie*. Rien désormais n'échappera à l'œil de l'observateur. Pauvre nature humaine, quelle illusion va-t-il donc lui rester ! La raison lui a été donnée pour forger ce que la raison d'un savant va détruire.

Telle cause tel effet : axiome qui a mis en branle l'intelligence humaine, éveillé nos facultés perceptives et comparatives, et nous a fait aboutir à cette constatation décevante que l'homme est un être semblable à tous ceux qui vivent sur le globe, un peu supérieur parce qu'il parle.

Et notre destinée servira de thème à des dissertations philosophiques qui ne prendront fin qu'avec nous.

Malgré la science qui anéantit tout, il restera des gens
très nombreux pour croire à quelque chose de plus grand,
de plus parfait que nous, de surnaturel, et cela d'après
notre système même de cerveau qui regarde toujours
plus loin, toujours plus haut.

Lutter contre l'illusion, écraser misérablement ce qui
reste à l'homme d'espérance et de foi, c'est lui enlever un
des attraits les plus doux de ses jouissances, un des
leviers les plus puissants de son action, c'est lui barrer la
route de la perfection.

Et cependant la science a ses droits.

L'ONOMATOLOGIE ET LA CRITIQUE

Dois-je livrer au public ce *nouveau moyen de connaître
et d'améliorer les hommes ?*

Tous ceux dont le nom est connu, ou aspirent à être
connus, vont crier haro sur ce savant idéologue malencon-
treux qui place chacun dans un cercle dont il lui est
difficile de sortir.

L'intérêt de la science doit passer avant l'intérêt personnel. Tout le monde ne peut être content, mais il reste
toujours la possibilité de rire ; le rire n'a pas de couleur
quand il est général.

La critique est maîtresse absolue de la littérature et des
productions de la pensée ; la critique aisée se donne libre
carrière par la plume de milliers d'écrivains inaptes à
faire autre chose. Que d'intelligences philosophiques
mieux dirigées, ou plutôt partant d'un point plus sûr,
arriveraient à élever cette branche du savoir humain !

On rejette les idées préconçues, prétendues absurdes
parce qu'elles sont basées sur les sciences d'observation,
appelées bien à tort sciences occultes ou secrètes, alors que
rien n'est plus vrai que ces sciences-là ; on les a cultivées

depuis l'origine de l'humanité, et c'est aux époques dites barbares qu'elles florissaient.

Ce n'est pas flatteur pour notre dix-neuvième siècle, si instruit, de produire tant d'incrédules. Les sciences psychiques ou occultes, touchant aux régions les plus élevées de l'entendement humain, aux causes de l'existence du monde, il est naturel que nos cerveaux de dégénérés, abrutis par la civilisation et les plaisirs du corps, soient incapables de les comprendre.

Je ne suis pas un empêcheur de danser en rond, mais il faut admettre que vous ne pouvez tout avoir en ce monde : la prédominance par la richesse, la santé, l'esprit, les honneurs, et qu'il est permis à d'autres, moins élevés dans l'échelle sociale, de vous regarder en riant, voire même de tirer les ficelles qui vous font mouvoir.

Il ne faut pas avancer une théorie en ce siècle de progrès sans avoir des preuves !

Remontez à l'origine des grandes découvertes taxées de folie, d'utopies. Je dirai comme Arago : « Si l'on niait toutes ces choses que nous ne pouvons expliquer, où en serions-nous ? Les idées les plus absurdes, les théories les plus avancées seront demain claires comme le jour, mieux expliquées par des savants qui s'empareront d'elles, les analysant, les comprendront mieux, et les expliqueront à la foule ».

L'*Onomatologie* n'en est pas tout à fait à ce point.

Elle semble absurde au premier moment, elle bouleversera toutes nos idées. Quel lien entre le prénom et le caractère ?

Cependant elle est si bien réelle que je donne plus loin un dictionnaire de prénoms usuels avec la désignation du caractère de chacun. Point d'imagination, point d'hypothèse, *l'absurde devient une règle simple*, un moule dans lequel sont façonnés tous les individus portant le même prénom. Le mystère devient un acte tangible, l'inconnu traduit par une phrase que chacun peut lire : *tel prénom tel caractère.*

Nous avons un nom, voilà la chose réelle ; il nous a été donné comment et par qui ? Nous ne pouvons le changer. Il dénote un caractère bien déterminé. Un Georges ne ressemble pas à un Alfred, un Emile à un Claude, une Alice à une Elisabeth. Pourquoi cela ? D'où vient cela ? Est-ce vrai ?

Que vous importe ! prenez le dictionnaire onomatologique et lisez.

L'*Onomatologie* soulève un coin du mystérieux, touche à l'un des ressorts cachés des actions humaines : un prénom, un caractère ! Bizarre, incroyable, et pourtant une réalité.

Mais alors, *si le nom révèle le caractère, on peut donner à son enfant tel nom pour lui attribuer tel genre de vertus et de qualités ?*

Evidemment, autrement la science ne pourrait pas tenir. Et c'est la grande raison qui me fait dévoiler à tous cette découverte, ce moyen nouveau de connaître les hommes, et de pouvoir les corriger.

FORCES ABSTRAITES

L'*Onomatologie est en dehors de la science exacte,* ou des sciences reposant purement sur l'observation comme la médecine, la graphologie, et quelques autres dont les règles sont assez précises et prouvées.

Avec l'Onomatologie nous entrons en plein dans la *Fatalité,* non plus à l'état de rêve ou de supposition, mais à l'état d'observation *prise sur le fait, sur le vif.* Elle dévoile une des causes si longtemps cherchées des actions humaines, il y en a d'autres que l'on découvrira plus tard [1].

1. En préparation : *De gauche à droite et de droite à gauche, ou l'Origine de tous les mouvements et de tous les actes humains.*

Chaque heure est un pas en avant vers le sanctuaire qui cache Dieu : c'est un fil arraché au voile impénétrable du Destin, Maître omnipotent.

L'*Onomatologie* est une science occulte en ce sens que les forces agissant des noms aux individus, sont des influences du domaine de l'esprit ; *c'est le magnétisme d'homme à homme, de l'homme à la masse, et vice versa, du temps passé sur le temps présent.*

Pour être absolue il manque à cette science de pouvoir éliminer les causes adjacentes qui modifient les types primitifs, comme les alliances, les climats, les mœurs, etc. Les onomatologistes futurs auront le champ libre et vaste à l'observation personnelle, c'est leur affaire et non la mienne, le temps me manque.

Nous sommes dirigés dans le monde par un ensemble de causes que nous ignorons. Les unes nous sont totalement inconnues, elles nous viennent des mondes éloignés auxquels nous sommes reliés magnétiquement. Les autres que nous soupçonnons à peine : ce sont les *grandes influences errantes* dont les points d'origine partent d'une croyance d'un peuple, d'un grand événement politique ou religieux, d'une volonté puissante, c'est-à-dire de la soumission d'un nombre d'individus envers une puissance vraie ou fausse, de l'admiration pour tel ou tel acte, pour tel homme, enfin, scientifiquement, de l'*Atavisme* qui nous fait exécuter des actes inconscients parce que nous ressemblons à tels ou tels de nos ascendants. La Bible fait dire à Jéhovah que les enfants ressembleront à leur père, et Darwin le prouve.

Les autres causes nous touchent plus directement : celles-là nous les étudions depuis des milliers d'années, et à peine si elles nous ont livré une partie de leurs secrets : maladies, climats, épidémies, accidents, froid, chaud, gestes, passions, etc.

Chacun de nous participe plus ou moins à l'omniper-
sonnalité humaine qui vient des croisements, mélanges
de races, ce qui détermine les caractères si diversifiés,
avec, cependant, un aspect d'homogénéité par classes de
peuples.

L'*Onomatologie* appartient à la seconde catégorie des
causes à peine soupçonnées, sur lesquelles elle jette une
lumière nouvelle.

En publiant la science des noms, j'ai voulu que les
forces morales, incommensurables, qui viennent de la
croyance des peuples en certaines choses, profitent au bien,
au bonheur, au progrès de l'humanité.

Ces forces créées de toutes pièces par l'homme, entités
spirituelles, agissent à notre insu sur la matière. Ces forces, quoi qu'on fasse, subsistent, et peu d'hommes sont
assez forts pour s'en affranchir. Je dirai même plus, l'incrédule doué d'une volonté puissante ne peut s'y sous-
traire ; et il est très hasardeux de heurter de front une
puissance consacrée par les siècles et les hommes et non
encore mesurée.

Ce qu'il y a de certain, quoique ce ne soit pas expliqué
scientifiquement, c'est que des pratiques, des prières, des
invocations, des dogmes, des croyances, qui paraissent
absurdes comme celles des miracles, ou des vertus atta-
chées aux images de saints, aux gris-gris, aux scapulaires,
aux pierres talismaniques, aux sacrements, aux figures
formées par les cartes, ce qu'il y a de certain c'est que
ces idées que l'on se crée, *ce pouvoir* que l'on attribue à
certains hommes ou choses, *existe réellement*. Les résul-
tats matériels, physiques, sont trop nombreux pour qu'on
puisse les nier : témoin Lourdes et ses guérisons.

On veut rire de ce pouvoir étrange, et des milliers
d'hommes obtiennent des faveurs qui leur viennent de
ces êtres imaginaires (souvent ces êtres n'ont jamais

existé), de ces vertus encore plus imaginaires attribuées
à des pierres, à des scapulaires, à des eaux bénites et
miraculeuses, etc.

Vaste autosuggestion visible, constante, mais toujours
inconsciente, puisque l'homme ne se figure pas que c'est
lui qui donne la force à ces choses inertes, et qui réalise ce
prodige monstrueux d'une création immatérielle : *l'idée
influençant la matière* [1].

Il y a donc des forces qui existent ; en connaître l'origine exacte, qu'importe. Il faut constater leur existence
mystérieuse et puissante, et les utiliser à son profit.

L'atavisme est une de ces forces énormes qu'une géné-
ration ne peut briser complètement.

Le *pouvoir attaché aux prénoms est moitié d'ordre atavique et moitié d'ordre spirituel*, puisque c'est une croyance
inconsciente devenue force qui régit la destinée de chaque
nom.

Cette puissance fatale, d'autant plus énorme que les
siècles ont accumulé leur force, se transmet sur la tête de
l'enfant que l'on baptise ; il ressemblera, soyez-en certains, à son modèle primitif.

D'où vient ce modèle primitif ?

Qu'on veuille s'élever contre ce pouvoir, c'est comme si
l'on voulait lutter contre son propre cerveau façonné
d'une certaine manière par la nature et nous dirigeant
toute la vie ; c'est lutter contre l'impossible, atténuer le
pouvoir de l'homme qui a conscience de cette force
terrible.

J'ai voulu, par ma découverte sur les noms, montrer
qu'une vertu est attachée à chaque nom. Les parents
donnant tel prénom à leur enfant, ne lui donneront *pas
entièrement* les vertus et qualités du nom-type, car il faut

---

1. Voir *Doctrine des Immortalitaires.*

tenir compte des attaches familiales, mais ils atténueront les mauvais effets de l'atavisme, et l'enfant se rapprochera du type. D'ailleurs, après deux générations, le type parfait serait réalisé.

Ignorer une force, c'est être l'esclave de cette force ; la connaître, c'est avoir le moyen de la diriger et de s'en servir.

COMMENT SE DONNENT LES PRÉNOMS

Il faudrait avoir assisté par la pensée aux conseils des rois et des grandes familles princières, à la naissance d'un rejeton illustre, pour se rendre compte de l'importance des prénoms donnés aux enfants.

D'où vient cette immuabilité des principes dans certaines grandes familles, ces coutumes qui s'élèvent au-dessus de la mode et que l'on respecte parce qu'elles viennent des aïeux ? D'où vient cette arrogance des uns, cette simplicité et cette douceur des autres dans une même famille ?

Du hasard, dit le vulgaire, de l'atavisme, dit le savant ; c'est possible, mais le prénom est la forme extérieure de cette influence atavique qui réagit par bonds de l'oncle au neveu, du grand-père au petit-fils, et quelquefois de plus loin selon les noms que l'on conserve soigneusement les mêmes pendant des siècles [1].

Exemples : l'impératrice Elisabeth d'Autriche, et sa petite-fille l'archiduchesse Elisabeth mariée avec le prince Othon de Windischgraetz.

Aurore Dupin (George Sand), petite-fille d'Aurore de

---

1. Et ces noms produisent cet effet curieux que, malgré les coutumes et mœurs d'une époque, malgré l'éducation, il se trouve des mauvais sujets et des bons, des types grossiers, d'autres délicats et chevaleresques, sans qu'on ait pu jusqu'à ce jour en expliquer les causes.

Kœnigsmark, femme de tête et d'intelligence supérieure, mère du maréchal de Saxe.

Depuis cent ans l'aristocratie en France change et déchoit. Pourquoi ? C'est que *la coutume se perd de plus en plus de donner aux enfants les noms des parents* ; jusqu'alors il était de tradition dans les grandes familles de donner à l'aîné le prénom du père, l'aîné devant continuer la race, être le chef de file, incarner les vertus et les traits distinctifs de la famille. Maintenant dans toutes les classes de la société on choisit un nom qui soit joli, ou qui plaise aux parents ; on suit la mode. Ainsi avec la tradition se perd l'esprit de famille lentement mais sûrement, puis les races. De nos jours la fantaisie dirige tous nos actes.

Ce qui arrive pour les dynasties de sang, arrive pour les dynasties de fantaisie, comme les *noms choisis par les chefs d'une association*, papauté ou truands. Là surtout l'influence des noms se fait sentir plus encore que dans l'atavisme, parce que le nom est le résultat du choix direct de l'individu qui cherche à personnifier tel prédécesseur dont il admire les actes, dont il a le tempérament et dont il prend le nom. Jamais un doux ne prendra le nom d'un ascendant terrible, violent et farouche, les exemples seraient faciles à trouver.

L'exemple récent du nouveau Pape choisissant le nom de Pie X n'est-il pas venu à point justifier ma théorie Onomatologique ? Le cardinal Joseph Sarto, grand admirateur de Pie IX, a le physique et le moral de ce grand Pape. Tous les journaux, il y a trois ans, lors de son élection, firent des réflexions sur cette ressemblance frappante des deux pontifes. Pie X a de plus la douceur de Pie VII. Le nouveau Pape étonnera le monde comme son prédécesseur, écrivai-je en 1903 [1], car il agira toujours avec au-

1. *Les derniers papes jugés par leur écriture,* joli volume avec facsimilés d'écritures.

tant de calme que d'indépendance. Mais ici encore, malgré le choix du nom qui dominera sa vie désormais,
subsistera l'influence du nom de baptême primitif. Pie IX
s'appelait Jean, homme de combat violent et actif; tandis
que Pie X s'appelle Joseph, homme plus froid, moins
entreprenant et aussi moins heureux.

Pendant la Grande Révolution, l'ancien ordre de choses
ayant été renversé, *inconsciemment les prénoms suivirent
les traditions; le calendrier fut changé*, et les noms de saints
remplacés par des noms de plantes et d'animaux. Il se
manifesta alors un phénomène très curieux : Tout étant
aux idées antiques, le langage comme les mœurs imitant
les républiques grecques et romaines, beaucoup de
citoyens, moitié par enthousiasme, moitié par intérêt,
changèrent leurs prénoms, et adoptèrent des noms plus ou
moins ronflants : Marius, Ajax, Achille, Caton, Alcibiade,
selon les noms de grands hommes qu'ils admiraient le
plus, ou même le plus souvent qu'ils ignoraient complètement : ces noms anciens leur donnaient, croyaient-ils,
une petite allure républicaine et démocratique.

Les noms suivent les époques, et ce qui s'est présenté à
la Révolution doit se présenter à chaque grand mouvement d'un peuple.

Le monde est poussé à donner tels ou tels prénoms
selon des lois harmoniques qu'il est difficile d'expliquer ;
les noms changent insensiblement comme les mœurs et
sont ainsi différents selon les époques, selon les mœurs
et la manière de comprendre. Ils se suivent par généra-
tion selon la marche des esprits, des peuples et des
écritures.

Au moyen âge, les noms de Pierre et de Jean étaient
fréquents, surtout dans la classe instruite ; la plupart de
nos grands artistes architectes, sculpteurs, portaient le

nom de Pierre ; et quelle époque plus fertile en monuments grandioses, ce fut l'apothéose de la pierre taillée.

Voyez les grands artistes de la Renaissance du nom
d'Antoine, et les femmes célèbres par leur intelligence et
leur esprit du nom de Anne.

Voyez les Claude du commencement du xixᵉ siècle,
Claude Chappe, Claude Bernard, etc., pensée profonde,
imagination créatrice mais nuageuse.

Les « Alphonse » de 1830 qui, avec leur extrême sensibilité, ont engendré la sensiblerie de nos jours.

Alexandre Dumas appelait son époque (1870) l'*ère des*
Jules : Jules Simon, Jules Grévy, Jules Favre, Jules
Ferry, etc., tant il est vrai que, malgré les effets qui frap-
pent par leur continuité, les causes restent ignorées.

Le sceptique traite tout cela de coïncidences. Diable !
tout est coïncidences pour les esprits forts, de règles il
n'y en a plus.

Aux « Jules », types onduleux, à moitié convaincus,
insinuants, énergiques à leurs heures, mais variant selon
les circonstances, vont succéder les « Léon », souples et
sympathiques ; les « Emile », égoïstes, intrigants, tenaces
dans la position acquise, bons garçons mais cyniques et
manquant de noblesse : Emile Ollivier, Emile Loubet,
Emile Combes, et autres.

Maintenant triomphent les « Georges », intelligents,
beaux hommes mais infatués d'eux-mêmes ; les « Paul »,
actifs et intelligents, indépendants et à coups de tête ;
les « Jacques », plus jeunes, actifs mais légers ; les
« Robert », froids et maniérés, etc.

Les Louis, les Charles, les Henri, les Pierre, les Eugène
sont de tous les temps et de toutes les positions.

En *Angleterre* les prénoms sont donnés avec la plus
grande liberté, alors qu'en France il est d'usage de choisir dans le calendrier (je crois même que l'on est obligé).

Les Anglais ont des noms de baptême les plus fantaisistes, mais le plus souvent répondant à des réalités. Ainsi, lors de la guerre Anglo-Boer, il y eut des enfants qui furent prénommés : Kimberley, Roberts, Kitchener, French, Pretoria, Kruger, etc., selon l'admiration que les parents ont eue pour tel grand homme ou telle grande action. Le peuple anglais est un mélange de vieux traditionnalisme étroit et de fantaisie parfois la plus burlesque.

Celui qui donne à son enfant le nom d'un grand homme veut qu'il lui ressemble, et cette volonté influence l'esprit de l'enfant dès sa formation. Plus tard l'enfant se demandera ce qu'a pu faire le héros dont il porte le nom, il le prendra tout naturellement comme modèle. *Combien d'hommes et de femmes ont cherché à imiter les faits et gestes des personnages dont ils portaient le nom !* Oui, me direz-vous, pour certains noms bizarres, ou certains personnages célèbres, mais la masse ne pense pas à ça. La masse, croyez-le, subit la fatalité des noms : *chaque prénom est un moule qui façonne un individu dont l'argile est plus ou moins pure.*

INFLUENCE DE LA MÈRE AVANT LE BAPTÊME

C'est la volonté de la personne qui choisit le nom qui donne le caractère à l'enfant, et nous devons admettre que presque toujours c'est la volonté de la mère.

Donc une des plus puissantes influences qui font tel ou tel caractère chez l'enfant, plus tard chez l'homme, c'est *le choix de la mère qui porte son enfant.* Dans son esprit longtemps à l'avance elle a dit : Je donnerai tel nom à mon fils, tel nom à ma fille. Elle consulte le calendrier, cherchant le nom le plus en rapport avec ses propres idées, quand elle ne donne pas son propre nom ou celui du père. Elle se reporte machinalement vers les personnes

qu'elle connaît, et qui, elles, ne portent pas indifféremment un nom plutôt qu'un autre. Elle voit alors certains
noms adoptés par certaines classes de la société ; les uns
sont beaux, les autres laids, ridicules ou distingués.
(Pourquoi un nom est-il plus beau qu'un autre ?)

Ici nous touchons à un point délicat controversé par la
science actuelle : l'*Education antérieure*, ou influence pré-
pondérante, presque absolue, de la mère sur l'enfant qu'elle
porte dans son sein : l'enfant devant être au moral ce que
fut la mère au moral pendant la grossesse.

Or l'idée seule de donner tel nom plutôt que tel autre
comporte une tournure d'esprit qui influence le cerveau
de l'enfant avant sa naissance : l'enfant naîtra avec un
cerveau conforme à l'idéal de la mère, il ressemblera
fatalement à l'image d'un caractère pensé par la mère.
S'il diffère un peu du modèle primitif, cela viendra des
influences ataviques, ou même de circonstances purement
accidentelles qui ont accompagné la grossesse ou vie
antérieure.

Pendant la période qui précéda et suivit l'arrivée des
marins russes et du Tsar en France, de 1893 à 1896,
beaucoup de parents donnèrent à leurs enfants des prénoms russes. Les sentiments d'enthousiasme qui ani-
maient les mères envers les Russes se manifesteront plus
tard chez les enfants conçus à cette époque franco-russe :
les prénoms russes donnés aux petits Français leur donneront sans doute quelques-unes des qualités russes,
ténacité, endurance, qui referont une jeunesse à la
France.

Avant tout, lorsque nous donnons un nom à un enfant, que l'on soit père, mère, parrain ou marraine, c'est
que ce nom nous plaît, nous voulons que l'enfant nous
ressemble ; cette idée n'influence-t-elle pas fortement le
caractère du nouveau-né ?

Habituellement le nom est imposé par les parents, quels que soient les goûts des parrains ; dans le cas contraire, les parents s'empressent de choisir parmi les deux ou trois donnés celui qui leur convient le mieux ; parfois même le nom qu'ils donnent un peu plus tard à l'enfant est différent de ceux de l'acte de naissance : le nom reflétant les goûts des parents donnera les mêmes goûts à l'enfant.

Il y a des noms de baptême qui se donnent sous une influence passagère, audition d'une chanson, lecture d'un roman passionnant, fait d'armes, etc., comme je l'ai dit pour l'Angleterre après la guerre Anglo-Boer, et comme en France à l'époque franco-russe. Cela ne détruit pas ma théorie, au contraire, puisque les idées de la mère refléteront les sentiments de l'héroïne ou du héros en question. Les cas seraient nombreux à citer, et ce ne serait pas une des recherches les moins piquantes suggérées par l'*Onomatologie*.

Dans le choix du nom intervient de nos jours beaucoup la question de mode, par instinct d'imitation, et par légèreté féminine : Simone, Germaine, Yvonne, Jacques, etc. Interviennent aussi les usages locaux, le calendrier et le saint du jour de la naissance ; on tient compte aussi des noms de sa province, etc.

Balzac écrivait dans *Ursule Mirouet :* « Les noms obéissent aux lois de l'harmonie ; on ne peut communément appliquer un prénom qui ne sonne pas bien avec le nom de famille ». En effet, les parents ont ou n'ont pas d'oreille, ont ou n'ont pas de goûts artistiques qui se reconnaîtraient bien dans le choix des prénoms. On peut dire que dans le choix du prénom il y a une certaine psychologie : on regarde beaucoup à la dissonance, à l'onomatopée. Un prénom terminé par une finale muette va très bien devant un nom commençant par une voyelle. Ainsi le mot Hugo, assez laid pris séparément, est adouci par le mot Victor placé devant ; ainsi d'autres exemples.

Les noms signifient si bien un caractère spécial que les parents ou les parrains de l'enfant se rencontrent souvent pour donner les deux mêmes noms à leurs enfants ; vous verrez Pierre-Louis, Blanche-Héloïse, Pierre-Paul, réunis sur la même tête, etc. Et souvent dans les familles les enfants portent des noms qui ont le même fond de caractère ; ou bien encore on retrouve dans des familles différentes plusieurs enfants portant les mêmes noms.

Les prénoms différents portés par un enfant n'ont jamais des différences bien marquées dans leur signification : ainsi René Albert, Charles Emile (Freppel), Albert Georges, Anne Catherine Kauffmann, Anne Catherine Emmerich, et il est alors à remarquer que ceux qui portent ces noms là sympathisent.

De même les noms des enfants ne s'éloignent pas sensiblement de ceux portés par les parents ; car si les enfants ont des traits de caractère de leurs parents, de même leurs prénoms doivent leur ressembler. Il arrivera qu'un Ernest aura comme fils un Albert ; un Charles nommera son fils Emile ; Sophie Hugo ne pouvait nommer son fils Eugène.

LE NOM EN LUI-MÊME

A quelle époque remontent les types des noms auxquels obéissent toutes les générations qui suivent ?

D'où viennent les modèles primitifs ? ont-ils été formés par l'étymologie ? ou par l'admiration envers tels grands hommes auxquels souvent on donnait un surnom caractérisant leur qualité ou leur défaut dominant, et qui leur restait comme nom définitif ?

Il faudrait peut-être alors remonter à l'origine de la formation des surnoms ; cette formation des prénoms et des noms exigerait un volume, et l'on s'en est déjà occupé au point de vue linguistique.

Tels noms de violents à l'origine se sont adoucis par la suite des siècles, et portés par de grandes figures, ils ont changé ; ces grandes figures historiques sont devenues types elles-mêmes très souvent.

Les noms des saints du calendrier, pris par l'immense majorité des Français, *ont formé beaucoup de noms-types*, mais les saints eux-mêmes avaient un caractère transmis par d'autres.

Pour mes types de noms, autant que j'ai pu, j'ai remonté aux origines, saints, grands hommes, figures bibliques, légendaires ou historiques. L'*Etymologie* n'a pour moi que peu de signification, étant plus d'une fois l'envers de la vérité, et je n'en ai tenu aucun compte, car les prénoms de femmes notamment ont tous de jolies significations, ce qui ne correspond pas toujours à la réalité ; ainsi Léon, homme doux par excellence, devrait être courageux comme le lion dont il porte le nom ; Blanche, d'après l'étymologie, voudrait dire innocence, candeur, pureté ; Suzanne, belle et pure comme le lis : significations qui s'éloignent de la vérité, et ainsi pour beaucoup des noms comme Eugénie, dons naturels ; Isabelle, fidèle à ses serments ; Lucie, étoile brillante ; Marguerite, jolie perle ; etc., etc.

Je le répète, je n'ai tenu aucun compte de l'étymologie[1] dans la formation de mes caractères ; mais cependant il ne faut pas toujours la dédaigner, car elle correspond à une réalité d'origine.

Il y a dans les noms des racines et des dérivés, les caractères dans ces cas-là s'éloignent ou se rapprochent. Ainsi : Albert, Alfred, Alphonse, Albin, Albéric, etc., ou bien encore Arthur, Arthus, Arsène.

---

1. Il ne faut pas confondre l'onomatologie avec un système de divination par les noms, l'onomancie, qui, d'après le chiffre des lettres du prénom et du nom de famille, *dévoile l'avenir*. Je n'ai pas à examiner ici cet art tout spécial.

La première lettre d'un nom ne signifierait-elle rien ? n'influence-t-elle pas le nom ? La lettre initiale A semble ouvrir l'esprit aux choses inconnues, aux sciences psychiques. Cette même initiale A a généralement plus de force que l'initiale E, plus légère et mouvementée.

La lettre initiale *B* est assez lourde, mais profonde.

Les *noms brefs* comme Paul, Jean, indiquent plus de vivacité et de coups·de tête que les noms longs comme Edouard, Jean-Baptiste, Arthur, plus lents, plus réfléchis, plus tenaces ; ceci dit d'une façon générale.

Les terminaisons en *ane, ine, one,* ou les diminutifs en *elle,* donnent au nom de la grâce, mais de la légèreté, aussi sont-elles fréquentes de nos jours : Yvonne, Simone, Germaine, Suzanne, Paulette, etc.

Les terminaisons en *in* ou *ien* donnent peut-être une tendance au prosélytisme et au mysticisme rêveur : Adrien, Joséphin, Célestin, Victorien, Sébastien, etc. ?

Les *terminaisons* en *A*, comme Alfreda, Julia, Maria, dérivant de Alfred, Julie, Marie, donnent de la bizarrerie au cerveau ; de même pour certaines déformations de noms comme Mary, Jane, qui manquent de naturel.

Les noms féminins dérivant des noms masculins n'en sont pas toujours la contre-partie, ils ont leur monographie à part : ainsi Pauline de Paul, Louise de Louis, etc.

Les noms masculins et féminins homonymes, comme Camille, Gabriel et Gabrielle, et autres, diffèrent aussi dans leur signification.

Il y aurait peut-être à rechercher la signification de certains noms dans la facilité plus ou moins grande de les prononcer ; en effet, les noms sont plus ou moins euphoniques : ainsi la syllabe *Ar* dans Arthur, Armand, Arsène, est assez dure à prononcer, elle force l'esprit à s'arrêter, elle pourrait signifier intelligence lente à comprendre.

SIGNIFICATION DES NOMS

Il y a des prénoms laids et grossiers, d'autres jolis et distingués. Pourquoi disons-nous cela? Souvent nous nous trompons : il y a des noms laids qui possèdent de belles qualités, et d'autres jolis qui sont médiocres ou vicieux.

Il y a des noms qui portent en eux un degré d'activité, d'énergie, d'originalité, qui permet de parvenir aux dignités, à la gloire, à la fortune; d'autres qui resteront toujours dans la moyenne. Les uns donnent la pensée, le sentiment de l'art, les autres le sens pratique.

Chaque prénom a sa signification propre.

Ainsi les « Emile » ont en partage la mobilité, la variété dans les aptitudes, la susceptibilité coléreuse et batailleuse, la conscience exagérée du moi, la bonne camaraderie, et le goût des calembours ou jeux de mots.

Les « Edmond » ont les goûts raffinés, mais l'esprit sceptique et moqueur.

Les « Pierre » sont actifs mais patients, peu audacieux mais très bons organisateurs.

Prenez au hasard une Louise et une Madeleine, vous serez frappés de la différence d'aspect et de manières; la Louise sera vive, gaie, simple, soumise, tandis que la Madeleine sera plus sérieuse, plus fière et plus indépendante.

Les « Louis » sont des hommes de valeur, à l'esprit ouvert, mais ils ont la plupart contre eux une fatalité mauvaise qui les arrête en chemin; c'est inexplicable. Serait-ce leurs qualités de franchise ou la conscience du devoir à accomplir ?

Les « Eugène » sont avant tout des gens pratiques et positifs, bons bourgeois, bons pères de famille, ambitieux de se faire des rentes; c'est l'homme du peuple qui va son bonhomme de chemin et jouit de la vie.

Demandez aux écrivains petits et grands si la plupart des *noms qu'ils donnent à leurs héros* ne sont pas des noms pris sur nature; si les Ernest, les Paul, les Henri, les Hélène, les Marthe, ne sont pas des Ernest, des Paul, des Henri, des Hélène ou des Marthe qu'ils ont connus, et dont ils retracent le portrait physique et intellectuel? On ne décrit jamais si bien qu'une chose, ou un individu que l'on connaît; aussi, dans la majorité des cas, lorsque notre esprit travaille, pour trouver un argument ou un exemple, nous choisissons un trait connu, un homme, un nom que nous connaissons, pris dans notre entourage. Les écrivains ne changent même pas le nom, ou le font très transparent.

Dans leurs romans, sans qu'ils en aient conscience, ils ne donnent jamais, ou rarement, un nom commun pour rendre un grand caractère; ils le choisissent ou fort, ou gracieux, ou dur, ou harmonieux, selon le caractère à dépeindre; pensent-ils que les prénoms que nous portons sont en conformité avec les personnages?

Mais aussi, d'après notre esprit plus ou moins compliqué, certains de nos prénoms nous semblent trop ordinaires, de là ces noms étranges et spéciaux à l'usage des poètes et romanciers : Roger, Raymond, Solange, Yolande, Renaud, etc. Les romanciers populaires sont en général peu observateurs et psychologues; cependant, ils conservent certains noms devenus classiques pour signifier telle vertu ou tel vice. Ainsi, s'accordent-ils généralement sur le nom de « Cécile » pour la grâce calme et le sérieux; sur le nom d' « Agnès » pour la naïveté ingénue, qui ne répond pas toujours à la réalité. Mais ils s'accordent de même sur les expressions de « Beau Georges », « Beau Fernand », donnant raison à l'Onomatologie; et ne donnant jamais le nom d' « Eugène » à un personnage chevaleresque et à hauts faits d'armes.

Pour être dans le vrai, les écrivains psychologues n'ont

qu'à copier les gens qui les entourent, sans même déguiser les prénoms.

Les *noms juifs ont aussi chacun leur physionomie :* les Bloch, les Nathan, les Lévy, les Weill ont une physionomie et un caractère différents ; les traces des types primitifs s'y retrouvent : Bloch, nez arrondi, gros et charnu ; Weill, nez maigre, régulier, aquilin ; Nathan, court et trapu, etc.

Les noms empruntés ou *pseudonymes ne sont pas toujours conformes au caractère,* cependant ils indiquent un effort, une tendance vers le nom choisi ; cette tendance suffit pour modifier le caractère originel du nom de baptême, car le nom choisi est conforme aux goûts de celui qui choisit. Voyez-vous un homme doux et bonasse prenant un nom de guerre comme Brutus, Néron ou Attila ? ou bien encore un homme dur et terrible, audacieux, celui de Blaise ? C'est inadmissible. Ceux qui, par exemple, ont choisi le prénom de Jean ont tous été des agissants. Cependant il est bon de ne pas s'y fier d'une façon absolue, et de connaître aussi le vrai prénom de la personne à juger. En effet, nombre de gens ayant un prénom peu euphonique le changent pour un autre plus harmonieux, sans beaucoup changer eux-mêmes. J'ai vu des gens prendre un pseudonyme actif et batailleur comme Jean, Jacques, Émile, et rester immobiles comme des Alfred.

Souvent à un certain âge les parents donnent à l'enfant le second nom de baptême, ou même un nom complètement différent de ceux de l'acte de naissance, *c'est le nom que porte alors l'enfant qui fait son caractère* ; si l'on trouve quelques différences avec le type que j'ai décrit, c'est que les autres noms influencent aussi, légèrement, le caractère.

PRÉNOMS PAR RACES, PAR NATIONS, PAR PROFESSIONS

Il y a des noms répandus en telle quantité que le caractère attribué à chacun d'eux est un peu moins précis, tels sont les noms de Marie, de Jeanne, d'Eugène et quelques autres. Les caractères diffèrent en apparence, pour des choses accessoires, mais le fond est semblable.

Il y a des noms que l'on donne plus communément dans chaque région ou pays, et que l'on peut appeler noms nationaux. Ainsi en France le nom de Marie pour les femmes.

Le nom de Marie personnifie le mieux le caractère d'une grande partie des Françaises, caractère si varié, si plein de contrastes, mais aussi gracieux, simple et dévoué. Ce nom de Marie exigera une monographie à part dans les caractères, comme d'ailleurs les noms de Jeanne, d'Eugénie, d'Eugène, de Jean, de Louise, déjà plus nets et mieux définis. *Le nom de Jeanne,* par exemple, caractérise la Française agissante et plus mouvementée que Marie ; le nom de Louise donnerait surtout la grâce mutine et le cœur simple ; celui d'Eugénie est plus ordinaire, plus positif et plus matériel.

Ces *noms nationaux* sont donc les noms-types d'une race, puisque cette race les a adoptés plutôt que d'autres. C'est une preuve de plus en faveur de l'*Onomatologie*. Le contraire serait pour étonner, puisqu'à une race correspond nécessairement un type saillant dans la physionomie, dans les mœurs, dans l'écriture, dans la conformation cérébrale et dans les goûts, et par conséquent dans quelques prénoms.

Ce qui existe pour un peuple, existe pour chaque fraction de ce peuple ; même en France où les éléments divers, quoique unifiés politiquement, ont conservé leur type par province. Ainsi les Bretons diffèrent des Provençaux ; les Flamands des Gascons ; les Parisiens des Auvergnats ;

tous français et ayant concouru à former la race française.
Chaque province, ou petite région, a ses noms pré-
férés : Marie en Lorraine, Anne en Bretagne, Eugénie en
Auvergne, Alice en Normandie, qui correspondent bien
au tempérament général de *ces provinces.*

Tout dans le monde tend à l'unité ; la variété est un
recul, car c'est une dispersion des forces, et cependant
elle est nécessaire, car c'est une expansion.

*Plus les noms sont variés dans une race, plus cette race
est altérée ;* moins il y a de noms, plus un peuple est fort,
plus les familles se tiennent entre elles.

Quel meilleur exemple que *le peuple juif* qui a com-
mencé par douze tribus, douze noms, conserve encore
maintenant les noms anciens, et dont l'esprit de race n'a
pas varié depuis Moïse ? Partout où le Juif a séjourné
longtemps, il a pris quelques noms des peuples au milieu
desquels il vivait, là seulement il a pu s'assimiler en
partie, mais là aussi il perdait quelques-unes de ses qualités ataviques.

Autre exemple curieux : les *Portugais,* peuple vivace,
aux idées arrêtées et dominatrices, ont aussi très peu de
noms.

En Grèce, presque la moitié des hommes s'appellent
Georges. Ne voyez-vous pas ici l'influence du nom de
Georges, bel homme, sur le type grec ?

Autre exemple étonnant : depuis trois cent quatre-
vingt-huit ans, *tous les rois danois* ont, sans en excepter
aucun, porté le nom soit de Christian, soit de Frédéric.
Ceci non par un simple effet du hasard, mais en vertu d'une
loi du Danemark qui veut qu'à chaque Christian succède
un Frédéric, et *vice versa.* Pour atteindre ce but sans
devoir changer de nom en cas de décès ou pour tout autre
motif, tout prince danois, quels que puissent être ses
autres noms, reçoit invariablement à la fois ceux de

Christian et de Frédéric. Inutile d'insister sur le caractère patriarcal et l'esprit familial de la cour du Danemark.

En France, par périodes, les rois se sont appelés Charles, Henri, Louis, avec la même politique ou du moins le même caractère général. Les Charles ayant tous eu la destinée malheureuse, les Henri ardents et passionnés, les Louis ayant de la tenue, et irréguliers dans leurs passions : Louis XIV et Louis XV, Louis XIII et Louis XVI.

J'ai déjà dit que le fait pour une famille aristocratique de conserver les mêmes prénoms aux enfants, surtout aux aînés, prouvait que l'esprit ancestral de la famille ne s'était pas altéré malgré les alliances.

Une race, c'est-à-dire un peuple, n'a pas les mêmes noms à sa formation, à son apogée, à sa décadence.

Ainsi le Français a pu être défini par quatre mots : Audace, générosité, esprit familial, routine, comme il a pu être défini par quatre noms : Jean, Henri, Charles ou Louis, Eugène ; certains noms disparaissent avec les vertus qui leur correspondaient, le contraire serait pour étonner.

Ayant perdu ses belles vertus primitives, le Français est maintenant personnifié par le nom d'Eugène, c'est-à-dire un restant d'esprit de famille et de routine correspondant à l'absence d'idéal et de volonté. Il arrive donc que *ce nom d'Eugène personnifie* non pas la race française au sens propre du terme, mais *les Français modernes dégénérés, égoïstes et sans initiative.* Heureusement pour la France que d'autres noms se donnent encore : les Pierre aux goûts fins et pondérés, les Edouard énergiques et tenaces, les Henri chevaleresques et généreux, les Jean audacieux, les Albert et autres qui nous sauvent de la quantité trop grande des Eugène, des Emile, des Jacques, etc.

S'il y a des périodes pour les noms, il y a également des positions, des emplois pour les noms. Il est difficile de donner ici des généralités, mais souvent les mêmes noms se retrouvent dans les mêmes professions. Faire une étude spéciale des noms au point de vue des professions que tel nom est susceptible de remplir serait une tâche difficile, non impossible, mais passionnante. Certes les Emile et les Georges intrigants, les Jules positifs et souples sont plus aptes à la politique que les Henri ou les Pierre. Promenez-vous dans les quartiers commerçants de Paris, vous verrez pulluler aux devantures les Eugène, les Ernest, les Emile, etc., et assez rarement les Pierre.

Au moyen âge, les noms se répétaient les mêmes dans les classes d'artistes sculpteurs et architectes : Jean, Pierre, etc., ce n'était pas une chose convenue, voulue pour justifier plus tard l'*Onomatologie* ; pas plus que de nos jours ce nom d'*Antonin*, si peu commun il faut l'avouer, donné à plusieurs de nos statuaires connus : Injalbert, Mercié, Carlès, Larroux et autres dont le nom m'échappe. L'histoire d'ailleurs nous fournit de très nombreux exemples d'Antoine, peintres ou sculpteurs, à partir de la Renaissance.

Il est à remarquer que les « Louis » ont du goût pour la musique, témoin les compositeurs de musique ou musiciens éminents fournis par ce nom au cerveau étrange : Beethoven, Hérold, Niedermeyer, etc.

Les « Pierre » et les « Emile » fourniront les secrétaires de sociétés : les premiers comme organisateurs patients, les seconds comme propagandistes qui se faufilent, ayant leur intérêt personnel immédiat en vue : les « Paul », au contraire, aimeront présider.

Les « *Jean* » ayant la force et le mouvement brilleront dans toutes les professions et seront facilement novateurs. L'histoire nous donne : Jean Gutenberg, Calvin, Gerson, Huss, Jean de Leyde, Kepler, Milton, Boccace, Lafontaine,

Stanley, Law, Kuskin, etc., et ce légendaire Dr Jean Faust qui a existé réellement au moyen âge.

Est-ce la sympathie qui réunit les mêmes noms dans les mêmes professions ? ou n'est-ce pas plutôt que le nom, signifiant tel caractère, donne aussi des aptitudes, des prédispositions d'ordre soit intellectuel, soit positif ?

FATALITÉS QUI PÈSENT SUR LES NOMS

Ne sont-elles pas étranges et formidables ces voix qui s'échappent de la bouche des Dieux et frappent les enfants des vices du père ou leur donnent ses vertus ? Jéhovah parle à la même époque que Jupiter.

Jupiter n'a-t-il pas dit : « Tous ceux qui s'appelleront Achille seront vaillants dans les combats »? Hélas ! comme il arrive souvent dans les bouleversements terrestres et sociaux où le grand devient le petit, où le grotesque devient le respecté, les Achille modernes ne ressemblent pas à leur ancêtre, ils n'ont rien de bouillant, si ce n'est parfois l'imagination. Cependant on voit encore des hercules forains s'enorgueillir du nom d'Achille.

Une fatalité pèse sur certains noms connus ; ce ne sera pas une des recherches les moins intéressantes de l'Onomatologie de remonter à leur origine, et de savoir pourquoi la fatalité s'est exercée sur eux depuis des époques reculées jusqu'à nos jours.

Disons d'abord que dans la fatalité des noms l'influence se calcule par la croyance des masses multipliée par le coefficient des siècles, à laquelle il faut ajouter la force du point d'origine et du degré d'admiration.

Prenons le nom de *Marie*. Marie, mère du Christ, « mater dolorosa », en syriaque « mer d'amertume ». Que de choses il y aurait à dire sur la fatalité qui s'attache à ce nom de Marie, un des plus beaux, un des plus répandus surtout en France ! Type lunarien par excellence, faible, mélancolique et malchanceux. Toutes les Marie subissent cette fatalité qui les enchaîne à l'obéissance : « Femme, a dit Jésus-Christ à sa mère, qu'y a-t-il de commun entre vous et moi ? »

Joseph, qui fut l'époux de la Vierge. Ce nom extraordinaire subit plusieurs fatalités puissantes sur lesquelles il serait de mauvais goût d'insister. Il y eut aussi l'antique Joseph de la Bible qui refusa les offres de la femme de Putiphar, et préféra la fuite en abandonnant son manteau.

Prenons le nom de *Pierre*, nom prédestiné de toutes les façons. Le Christ donna le surnom de *Céphas* à Simon fils de Jean, et lui dit : « Tu es Pierre, et sur cette pierre je bâtirai mon Eglise ». Voilà le signe de la *stabilité sacrée*, de l'opiniâtreté, de l'esprit d'organisation qui a suivi tous les Pierre depuis cette époque. Mais une ombre à ce tableau. « Tu me renieras trois fois. » Une faiblesse, un manque de conviction, momentanée il est vrai, qui suivra tous les Pierre malgré leur opiniâtreté, visible surtout dans leur écriture. Les Pierre ne sont pas des convaincus sectaires, au sens propre du mot, mais ils ont la force calme, la patience, *la constance dans les amitiés* : c'est un des plus beaux noms à ce dernier point de vue. Pierre fut le chef de l'Eglise ; tous ses homonymes ont depuis des qualités extraordinaires d'*organisation*, d'ordre, de symétrie, c'est curieux à constater. *C'est à l'influence de ce nom, peut-être*, que l'on doit la belle époque de la pierre taillée, le moyen âge, et cette architecture grandiose où l'imagination audacieuse s'allie au solide et au positif, car tous ces monuments de dentelle bravent les siècles. Actuellement le nom de Pierre se rencontre surtout dans les classes élevées, dans les professions libérales, architecture, rarement dans le commerce.

Jean-Baptiste. Le Précurseur, l'homme de volonté sauvage, de conviction, d'indépendance, qui vivait au désert dédaigneux des belles manières de la civilisation, a laissé à ses homonymes l'*empreinte de sa rusticité*, de son amour de l'indépendance, et même de sa violence. (Jean-Baptiste fut victime de sa foi d'apôtre et de sa violence dans la satire.) Les Jean-Baptiste ne sont pas faits pour vivre parmi les civilisés, ils ont plus de gravité que de gaieté.

Saint Paul d'abord réfractaire, puis s'emballant soudain, actif, infatigable, sabrant dans ses courses à tort et à travers par la plume et la parole, a laissé à ses homonymes sa vivacité, sa facilité d'élocution, et surtout *ses revirements soudains* (conversion). Tous les Paul sont à coups de tête. Saint Paul eut le titre d'apôtre, ce fut le type du missionnaire. Les Paul sont bons lieutenants, bons exécutants, mais piètres généraux. Nom très sympathique et des plus spirituels, malgré ses actes d'indépendance.

Saint Georges, terrassant le dragon, a-t-il marqué une étape dans la marche des Georges, ou bien est-il le nom-type original? *Beau cavalier.* Chose étrange et qui frappera les plus incrédules, *tous les Georges,* neuf sur dix, *sont de belle taille, de beaux garçons, contents d'eux-mêmes,* surtout de leur physique et de leur prestance, même les rares qui sont de petite taille. Dans l'article Georges de mon dictionnaire, j'ai cité les Georges connus, ils sont nombreux, car c'est un nom à succès. Presque tous sont de beaux hommes; ah! çà! dans toutes les familles s'est-on entendu pour donner raison à mon système onomatologique?

Marthe de l'Evangile, servante du Christ, active, gaie, s'occupant des menus détails de l'intérieur, alors que sa sœur Madeleine, plus imaginative, plus intellectuelle,

avait sans doute peur de se salir les mains. N'est-ce pas
l'empreinte de cette première Marthe qui a marqué toutes
celles qui ont suivi, actives, *combatives*, *provocantes*, mais
dont la gaieté s'éteint souvent dans la mélancolie de ne
pas être si bien regardées que leurs sœurs Madeleine ?

Pourquoi donc les *Madeleine* sont-elles moins aptes
aux travaux manuels, étant comme leur aînée *fières*, inconséquentes, rêveuses, et *amoureuses* ?

Pourquoi toutes les *Thérèse* sont-elles si remuantes, si
passionnées, si idéalistes, et si douces, trouvant difficilement
ce qu'elles désirent ? Ne sont-elles pas influencées par cette
sainte Thérèse d'Avila, dont la figure est si attachante,
et la vie si agitée. ?

Et ce nom d'*Hélène*, n'est-il pas étonnant ? Hélène, femme
de Ménélas, célèbre par sa beauté et qui se laissa enlever
par le beau Pâris. Sa renommée est universelle. Il y a eu
des Hélène à toutes les époques, c'est un nom agréable
à prononcer, mais combien dangereux à porter! La première Hélène grecque a laissé à ses descendantes sa
beauté et une *certaine inconscience et légèreté*. *Eve* et *Hélène*
sont deux types de la femme qui tombe sans qu'on puisse
assurer que ce soit vraiment de leur faute.

Les quelques noms que je viens de citer, et d'autres que
je pourrais citer, comme *Jean le Bien-Aimé*, *Jacques* fils du
tonnerre, etc., ne sont-ils pas les meilleures preuves que
l'Onomatologie n'est pas une théorie fantaisiste.

ANTHROPOTHÉOGONIE — EVHÉMÉRISME

Cette science curieuse de l'*Onomatologie* touche à tous
les problèmes de l'histoire, car dès le commencement il

a fallu nommer les enfants, puis les tribus, et ces tribus
se sont perpétuées avec les mêmes qualités et les mêmes
vices. Nous en avons des exemples frappants par les
tribus juives, qui sont de grandes familles, dont les types
primitifs commencent à se perdre par les croisements
multipliés des douze tribus entre elles, oblitérées elles-
mêmes par les climats, les aliments, les lois des pays
qu'ils habitent momentanément, et aussi les croisements
avec d'autres races.

L'*Onomatologie* élucidera plus d'un problème de l'histoire. Avec elle on pourra jeter un coup d'œil investigateur sur l'origine des dieux, et adjoindre un chapitre :
L'*Anthropothéogonie*. Les dieux primitifs ne sont-ils pas
la plupart la synthèse d'une tribu, d'une famille puissante et même d'un héros divinisé par le temps ? C'est la
doctrine Évhémérienne, j'y souscris en partie, car la
Bible autrement serait incompréhensible dans ses premiers
chapitres.

Ainsi la preuve la plus saillante de l'Anthropothéogonie
est *le nom et la vie entière de Napoléon* qui *donne* aussi *raison à l'Onomatologie*. Balzac a dit, après quelques autres,
qu'il y avait des noms prédestinés : c'est vrai. *Napoléon*,
étymologiquement le *Nouvel Apollon* (Απολειω, destructeur), a, dans son règne fabuleux, renouvelé les phases
diverses de l'existence du dieu grec, depuis sa naissance
dans une île de la Méditerranée jusqu'à sa mort dans les
eaux de l'océan. Quelle légende que cette existence napo-
léonienne ! Dans deux ou trois mille ans, Napoléon sera
confondu, dans la mémoire des hommes, comme une
réincarnation française d'Hercule et d'Apollon : *il sera
dieu*.

A chaque pas nous côtoyons le merveilleux, et nos
savants ne veulent pas voir.

Que la doctrine Évhémérienne soit fausse ou vraie, que
le nom des dieux soit une synthèse de race, ou la déifica-

tion d'un héros, l'influence qu'exercent ces noms franchit les siècles, et renouvelle parfois de distance en distance les mêmes vies.

CITATIONS

J'ai dit que cette science, l'*Onomatologie*, est *absolument neuve*, que *nul jusqu'à ce jour* n'a pu ou osé dire : Tel prénom tel caractère ; mais on trouve en tous temps la croyance à la *prédestination des noms* de famille : Tel, dit-on, qui s'appellera Gourdin sera fabricant de cannes ; tel autre qui s'appellera Cochon sera charcutier, etc. ; il y a quelque chose de vrai dans cette théorie des noms pré-destinés, à laquelle Balzac a consacré tout un volume : *Z. Marcas.* Certes il y a des noms étranges, des noms qui frappent l'imagination, des noms prédestinés à des choses grandes ou à des choses monstrueuses. Que dites-vous, par exemple, du nom de *Ravachol*, l'anarchiste trop fameux ?

Mais la théorie du prénom équivalant à un caractère est entièrement neuve ; elle est vraie ; elle est d'ailleurs confirmée par *le bon sens public* qui *sait confusément qu'il y a un rapport entre le prénom et le caractère de la personne qui le porte.* Ne dit-on pas tous les jours : « Voilà un nom qui lui va bien, voilà un nom qui ne lui convient pas ; il faut être riche pour porter tel nom ; si j'avais un enfant, je lui donnerais tel nom, car j'ai remarqué que les Paul, les Henri, etc., ont telles qualités ? Ces phrases devien-nent de plus en plus fréquentes dans la bouche des gens et sous la plume des écrivains, car, depuis que j'ai lancé inconsidérément cette théorie des noms, elle a fait son chemin. Dernièrement je lisais dans l'*Echo du merveil-leux*, à propos des expériences de spiritisme et matéria-lisation villa Carmen, une remarque sur le nom de Marthe bon sujet magnétique : il y a des choses qui frappent à la longue par leur répétition.

J'ai déjà rappelé le mot d'Alexandre Dumas sur l'*ère des Jules,* tant il est vrai que la multiplicité des mêmes faits appelle l'attention des observateurs qui font la remarque sans en tirer un principe.

Richelieu écrivait à Louis XIII à propos de la naissance de son fils : « Nommez-le Théodose, c'est-à-dire Dieudonné. J'espère que, comme il est Théodose par le don que Dieu vous a fait là, il le sera encore par la grande qualité des Empereurs qui ont porté ce nom. »

Balzac, le plus grand observateur de tous les temps, qui aborda tous les sujets de psychologie plus ou moins mystérieux, ne pouvait être indifférent à la fatalité qui règne sur les noms : *Z. Marcas* en est un exemple. Balzac a parlé de la prédestination des noms, écrivant ce que beaucoup disent en présence d'un nom extraordinaire, bizarre, un nom qui tranche et doit présager quelque chose de grand ou de sinistre. *Il s'est toujours agi dans ces cas-là du nom propre, du nom de famille !* Mais soupçon-nait-il l'influence des prénoms sur le caractère ? Ce n'est pas impossible ; voici du moins quelques citations de ce profond psychologue.

Dans *Ursule Mirouet,* à propos de Minoret Levrault, il écrit : « Ne doit-on pas reconnaître avec *Sterne* l'occulte puissance des noms qui tantôt raillent, tantôt président les caractères ? »

Dans *Béatrix,* Calyste écrit à Béatrix : « Camille disait naguère qu'il y avait une fatalité innée dans les noms, à propos du sien. Cette fatalité, je l'ai pressentie pour moi dans le vôtre, quand, sur la jetée de Guérande, il a frappé mes yeux au bord de l'Océan. Vous passerez dans ma vie comme Béatrix a passé dans la vie de Dante. »

Dans *Catherine de Médicis* : « A part Charlemagne, tous les rois de France du nom de Charles ont fini misé-rablement. Ce nom de Charles est de funeste augure ; si je redevenais roi, je tremblerais de m'appeler Charles X. »

Les écrivains, depuis quelques années, laissent percer dans leurs écrits cette préoccupation de l'influence fatale des noms d'après Balzac. De loin en loin, dans les journaux, il y a de ces phrases : à propos de la fête de Jeanne Hachette : « Jeanne Hachette, encore une Jeanne comme Jeanne d'Arc qui a sauvé la France ».

Paul Féval dans les *Couteaux d'or* ; il y a deux jeunes filles qui se ressemblent d'une façon frappante, et qui, par hasard, de par l'imagination de l'auteur, portent le même nom : l'une américaine, « Ellen », l'autre française, « Hélène » ; mêmes goûts, mêmes aspirations, aimant toutes les deux le même homme.

André Theuriet, dans une nouvelle « véridique » intitulée *le Portrait*, nous présente un héros amoureux fou d'un portrait de jeune fille peint par Vigée-Lebrun, cette jeune fille ayant nom *Félicité* Bardet. Se promenant un jour à la campagne, notre héros aperçoit, sortant de sa chaumière, une cruche à la main, la vivante image de ce portrait. Sa stupéfaction est grande, mais elle redouble encore lorsqu'il entend une voix appeler cette jeune fille : *Félicité!* Il la demanda en mariage et l'épousa.

Dans *le Mariage de Yolande* de Sudermann, cette phrase : « On suit la destinée de son nom », à propos d'un baron qui choisit pour sa fille le nom de Yolande.

« Tu portes mon nom, dit un noble à son fils, fais comme moi, imite ton père et ne le déshonore pas. » J'ajouterai : Noblesse du nom oblige, c'est un devoir ; noblesse du prénom oblige, c'est une fatalité.

On retrouverait beaucoup de ces phrases et de ces exemples dans les auteurs qui ont fait du merveilleux dans leurs œuvres d'imagination.

Que de fois n'ai-je pas entendu comparer Léon Bourgeois à Léon Gambetta ! Il y aurait toute une démonstration à faire sur ces deux hommes sympathiques, supérieurs par comparaison avec le milieu médiocre des républicains

de 1870 : même prénom, même physionomie ronde et
souriante, même rondeur de manières, même parole
insinuante, plus forte chez Gambetta, plus habitué que
Bourgeois à vivre dans la rue et dans les tavernes. Combien d'autres rapprochements à faire !

Mais voilà déjà vingt ans que j'ai parlé de cette
science de l'*Onomatologie*, et chacun sait combien vite
une idée marche dans un centre surchauffé comme
Paris. J'en causais alors que je l'entrevoyais dans ses
grandes lignes ; les paroles que j'en ai dites, les discussions
vives, les explications précises que j'en ai faites à cette
époque de début, n'ont pas été perdues pour tout le monde.
Lorsque je me rendis compte de toute l'étendue de ma découverte, je me tus.

Renan, dans sa *Vie de Jésus*, écrit, à propos du nom de
Jésus, ces lignes : « Combien de grands hommes ont dû
leur célébrité au nom que par hasard ils ont reçu de
leurs parents ! »

Renan ne croyait pas à l'*Onomatologie*, il ne s'en dou-
tait même pas ; il émet cependant la même idée que
Balzac sur la prédestination des noms. Est-ce du prénom
qu'il s'agit dans la phrase concernant « Jésus » ? Renan
croit au hasard en toutes circonstances ; il n'admet pas
dans la fatalité les causes qui dirigent toutes choses et les
détruisent d'après des règles rattachées aux grandes lois.
Celui qui croit au hasard est un destructeur, jamais un
édificateur. Qu'aurait fait Napoléon s'il avait cru au
hasard, hasard pouvant détruire en un seul jour ce que
son étoile, sa fatalité lui faisait entreprendre et réussir ?

Le docteur Foissac, dans *la Chance et la Destinée*,
a lui aussi écrit tout un chapitre sur les noms prédestinés,
les noms de famille s'entend, trouvant que les noms des
personnages célèbres, comme Platon, Socrate, Homère,
Sésostris, Hérodote, Chateaubriand, etc., leur convenaient
bien, sonnaient bien à l'oreille et s'accordaient bien avec

les actes de leur vie. De même les héritiers du nom de grandes familles et de personnages célèbres avaient plus de chances que d'autres de réussir dans le monde, ce qui est vrai.

Nul, en effet, ne s'est trompé sur la théorie des noms prédestinés de Balzac, souvent en contradiction absolue avec leur signification, avec la réalité, veux-je dire. Quelques exemples récents le prouvent :

Eclair du 18 décembre 1905. « Mgr *Baptifolier.* — Le « nom de Mgr Baptifolier était en contradiction absolue « avec la célèbre théorie psychologique échafaudée par « Balzac sur le nom de Z. Marcas. Rarement, en effet, un « homme se sera signalé par une plus complète dissonance « entre son nom d'assonance quelque peu folâtre et sa vie « d'une parfaite austérité. »

Dans un discours du 28 novembre 1896, à l'Académie, sur les prix de vertu, le *Comte d'Haussonville*, à propos d'une lauréate du nom de *Nana*, modèle de tendresse maternelle, prête au sacrifice d'elle-même, s'écrie: « Croyez donc après cela à la célèbre théorie de Balzac sur l'influence fatale des noms [1] » Le comte d'Haussonville, très peu psychologue, oublie que Nana, personnage ignoble du naturiste Zola, est de création récente ; que la Nana, lauréate du prix de vertu Montyon, n'avait pu subir cette influence d'une héroïne de roman, d'ailleurs créée après elle. Pourquoi le comte d'Haussonville, en parlant de *Jésus-Christ*, du Christ adoré par trois cents millions d'hommes depuis deux mille ans, ne dirait-il pas en pensant au *Jésus-Christ* de Zola : « Croyez, après cela, à l'influence des

---

1. Lorsque je lus cette phrase du discours du comte d'Haussonville, j'en fus tout ému. Je lui écrivis pour lui demander dans quel ouvrage de Balzac il avait lu cette théorie. Il me répondit aussitôt : Dans *Z. Marcas* (Etudes philosophiques). A cette époque, non seulement j'ignorais la théorie de Balzac sur les noms prédestinés, mais encore je n'avais jamais rien lu du célèbre écrivain. La théorie de Balzac n'a rien à voir avec les prénoms.

noms ». Parce qu'il plaît à un écrivain de blasphémer, de cracher sur une chose respectée, il ne s'ensuit pas qu'il doive faire autorité.

La même réflexion serait à faire à propos de certains autres personnages de romans : *Claudine*, de Willy ; *Alphonse*, qu'un écrivain de talent est arrivé à imposer comme type de souteneur ; et quel rapprochement à faire entre le Rodin du *Juif errant* et notre grand statuaire Rodin !

Un *nom créé de toutes pièces par un romancier*, et restant plus tard comme type, ne peut influencer ses contemporains. Plus tard, la lecture et les allusions aidant, hésitera-t-on à nommer son fils Alphonse ou sa fille Claudine.

Donc ni Balzac, ni les penseurs actuels, en disant : « c'est un nom prédestiné », n'ont songé à l'influence absolue du prénom sur la personne qui le porte : *Tel prénom tel caractère* leur eût semblé, et leur semblera longtemps encore du domaine de l'absurde.

QUELQUES FAITS

Les Alice. Il y a des choses tellement extraordinaires dans cette théorie *onomatologique*, que souvent des personnes portant le même prénom passent par les mêmes phases de leur vie intime, et possèdent les mêmes maladies.

Je connus trois jeunes femmes du nom d'Alice qui se ressemblaient d'une façon frappante, non seulement au physique dans leurs moindres détails, mais aussi au moral ; soumises aux mêmes maladies, ayant le même tempérament, bien que deux fussent brunes et l'autre blonde. Les moindres particularités de leur vie étaient les mêmes, et arrivées au même âge, du moins je les suivis de quinze à trente ans. C'est d'après ces trois personnes que je déduisis le caractère des Alice. J'en connus d'autres plus âgées qui me confirmèrent dans ma première impression, comme figure, comme moral et comme maladies.

Les *Elisabeth*. Pris au hasard, cet exemple impressionnant et récent, à propos du mariage de S. A. R. l'archiduchesse Elisabeth avec le prince Othon de Windisch-Graëtz : « Madame l'archiduchesse Elisabeth est une toute
« gracieuse et toute jolie princesse de dix-huit printemps,
« née le 2 septembre 1883, fille unique de l'archiduc
« héritier Rodolphe et de l'ex-archiduchesse Stéphanie,
« aujourd'hui comtesse Lonyai... On a beaucoup remar-
« qué *la grâce mélancolique de ses traits* rappelant ceux
« de sa grand'mère l'impératrice Elisabeth... Elle a enso-
« leillé de ses qualités la sombre fin du règne de son aïeul.
« Elle a l'intelligence claire et curieuse de son père ;
« *savante et artiste*... Enfin écuyère aussi accomplie que la
« regrettée *impératrice Elisabeth*. »

Or, si l'on rapproche les lignes plus haut de ce que j'écris sur le caractère des Elisabeth, personnes douces, aux beaux yeux, au visage expressif, volonté faible mais sans caprice... on ne voit aucune différence. Si l'on se reporte à ce que l'on dit de *sainte Elisabeth* : douceur, bonnes qualités, nulle différence. Est-ce que ce qui précède ne s'applique pas presque mot pour mot à *Madame Elisabeth*, sœur de Louis XVI, si différente de Marie-Antoinette ; de même à S. M. la reine *Elisabeth de Roumanie* (Carmen Sylva) ; à *Elisabeth*, fille du prince Albert *de Belgique*?... N'est-ce pas frappant sur tous les points, même sur le fond de mélancolie latente ou réelle?...

Opposez la douce figure des Elisabeth à celle plus forte des Catherine, et mesurez la différence.

Et cet autre exemple historique que chacun peut con-

trôler : *Aurore Dupin (George Sand)*, qui reproduit à cent
cinquante ans de distance son aïeule, cette *Aurore de
Kœnigsmark*, femme de tête et d'intelligence supérieure,
mère du maréchal de Saxe.

Combien d'autres exemples pourrais-je citer !

Est-il d'ailleurs besoin d'un grand nombre de faits ? Les
faits servent souvent d'arguments, d'obstacles, que les
petits esprits opposent aux savants. Un fait est discutable,
il tombe sous le sens, de là sa force dans les deux sens :
affirmation ou négation d'une théorie.

Lorsque pour la première fois, en 1890, je causais à
des amis de ces particularités sur les noms de baptême,
ils riaient et se moquaient, ils n'étaient pas éloignés de me
traiter de fou ; lorsqu'à cette époque j'arrêtais des jeunes
filles dans la rue pour leur demander leur petit nom, les
unes se moquaient, les autres répondaient en riant, et moi
je prenais des notes. Dans les bals, les réunions, je faisais
les choses plus adroitement, j'interrogeais des tiers, je
provoquais des renseignements ; les carnets de bal me
servaient aussi beaucoup. A cette époque j'arrivais à des
divinations extraordinaires, disant souvent le petit nom
quand on refusait de me le dire ; de là de ces petites satisfactions d'amour-propre que connaissent seuls les inventeurs : un visage, une tournure, me frappaient plus ou
moins ; le nombre de mes types était fort restreint, je
n'avais que quelques noms bien définis ; mais je faisais
alors par intuition ce que je fais maintenant d'une façon
complète d'après des règles. Puis-je le dire aujourd'hui ?
je ne croyais pas alors à toute l'importance de ma découverte, c'est pourquoi j'excuse d'avance les sourires d'incrédulité qui vont accueillir l'*Onomatologie*.

Tout observateur rassemble des types qu'il a bien étudiés et qui lui servent pour juger les autres. Tant mieux
si les types sont justes, autrement la plupart de ses juge-

ments seront erronés. L'observateur parfait doit se placer au-dessus de toute contingence, en dehors de toute idée préconçue ou impression sentimentale, et combiner dans sa tête les différents aspects d'une personnalité.

Bien que les cheveux, le visage, la taille, en un mot le physique, soient partagés dans les différents noms, il m'arrivait et il m'arrive encore très rarement de me tromper à ce point de vue, lorsqu'on me dit le nom d'une personne que je n'ai jamais vue. De même presque chaque fois que j'ai tenté de deviner le petit nom d'une personne que je voyais, je suis tombé juste, du moins enfermai-je cette personne entre quatre ou cinq noms probables. Est-ce donc que tout cela est coïncidence? Est-ce donc que la personne ou le nom viennent à point nommé dans mon cerveau, sous mon observation, par une influence magnétique ou sympathique réalisant le type conçu? Je ne sais, mais tous les hommes ne sont pas doués à degré égal du don d'observation, et je ne conseille pas à tous de tenter ces expériences.

UTILITÉ DE L'ONOMATOLOGIE

Est-il nécessaire de parler de l'utilité d'une science dont le résultat est la connaissance de l'homme intime?

L'*Onomatologie* sera utile tout d'abord pour *apprécier les personnes* qui nous entourent, le prénom qu'elles portent indiquant leurs qualités et leurs défauts, parfois même leur physique.

Elle hâtera ensuite le progrès de l'humanité en la régénérant, si chacun se pénètre bien de cette pensée : que pour avoir un enfant qui sera plus tard un homme bon, juste, énergique et vaillant, il *suffit de lui donner un prénom imposant les qualités que l'on désire.*

Enfin elle sera utile pour tout ce qui donne du charme à la vie, c'est-à-dire l'étude, les distractions intellectuelles,

les recherches historiques, etc. L'*Onomatologie*, en effet,
soulève un coin du mystérieux qui cachait jusqu'à présent un des mobiles des actions humaines.

Avec elle on peut remonter aux temps les plus reculés,
voir la *filiation des races*, puisque chaque race a son caractère et ses noms spéciaux : l'*Onomatologie* touche à la
linguistique et à l'anthropologie.

Souvent cette science m'en a dit plus long sur certains
points de l'histoire que tous les récits et commentaires
des historiens rarement impartiaux, accablant tel ou tel
personnage ou l'exaltant pour le bien de leurs idées ou
de leur conscience. Le nom fut souvent pour moi l'explication d'un point obscur ou la justification d'un doute;
mais c'est avant tout dans la grave question du *Mariage*
que cette science extraordinaire sera utile.

SYMPATHIE DES NOMS

L'ONOMATOLOGIE ET LE MARIAGE

Il existe dans la société ce qui existe dans l'ordre physique : attirances et répulsions.

Il y a des visages qui s'attirent ou qui se repoussent,
c'est de toute évidence. Hommes et femmes mis en présence vont chacun vers leurs sympathiques. Les prénoms
suivent cette loi.

D'une manière générale on est sympathique à celui
qui porte le même nom et réciproquement. Une personne portant le même nom que vous vient-elle à com-
mettre une mauvaise action, on en souffre, mais on est
tout prêt à l'excuser, à atténuer, tandis qu'on est heureux
lorsque c'est une belle action.

Avant le mariage, avant toute relation amicale ou intime, *le petit nom* a une influence énorme sur la détermination, en ce qu'il *plaît ou ne plaît pas :* on sent confusément qu'il y a un rapport entre le nom et la personne qui le porte.

Je lis dans *Parcelles de vie*, de Louis Herbette, conseiller d'Etat : « Un homme qui aime deux femmes qui portent le même prénom ». Dans l'histoire les mêmes faits se répètent souvent, comme Henri VIII épousant deux Jeanne et deux Anne. Tous les jours nous pouvons constater cas semblables qui prouvent bien la sympathie des noms.

En effet, il y a des noms qui s'harmonisent mieux les uns avec les autres.

Il y a des noms qui ne peuvent jamais vivre ensemble, malgré les apparences. Il y en a qui vivent ensemble quelques jours, mais la nature reprend le dessus et rompt ces alliances. Combien de fois ai-je fait cette expérience, combien de fois ai-je voulu, connaissant la loi de certaines antipathies, remonter le courant fatal! Efforts stériles. Si j'évitais les susceptibilités, si je cherchais à éliminer les causes mauvaises, la personne que je cherchais fuyait un jour ou l'autre. La sympathie la plus profonde régnait-elle apparemment, aussitôt des accidents imprévus surgissaient qui nous empêchaient de nous rencontrer plus longtemps.

Cette théorie des noms sympathiques et antipathiques peut donc être d'un grand secours dans la question *des mariages, si souvent mauvais sans qu'on sache pourquoi.* Incompatibilité d'humeur est bientôt dit.

Il faut que l'on sache bien que *les prénoms ont entre eux une sympathie ou une antipathie,* que tous ne peuvent indifféremment s'allier ensemble, et que cependant dans le mariage l'accord est indispensable pour être heureux.

Un Albert, par exemple, fera difficilement bon ménage avec une Marguerite, une Blanche ou une Suzanne, alors qu'il a des chances d'être heureux avec une Berthe, une Louise, ou une Marthe.

Une Juliette doit épouser un Pierre ou un René ; une Suzanne fera le malheur d'un Louis, etc. Une Thérèse sera heureuse avec un homme sensuel mais délicat de sentiment, Henri, Charles ou Léon, par exemple, etc., etc.

Au point de vue de la sécurité sentimentale et affectueuse, je dois dire qu'il y a *des prénoms plus ou moins volages*. Avec les uns on peut dormir sur ses deux oreilles ; avec d'autres il faut être constamment sur le qui-vive.

Un livre complémentaire s'impose donc qui traitera plus tard de ces lois de sympathie des prénoms au point de vue spécial unions et mariages. Dans celui-ci il y a déjà un très grand nombre d'indications précieuses, puisque le caractère est détaillé pour chaque nom, et que chacun peut choisir le caractère qui lui convient le mieux.

Après le mariage il y a l'enfant. — Avoir un enfant tel qu'on le désire...... grave question jusqu'ici insoluble !

Eh quoi ! me dira-t-on, si votre science est juste, chacun peut donner à ses enfants le nom d'un personnage célèbre, d'un génie, ou simplement un des noms que vous recommandez ? Et pourquoi pas ?

L'*Onomatologie* aboutit à ce résultat essentiellement pratique : *Donner volontairement à l'enfant, dès sa naissance, le caractère que l'on désire en lui donnant un prénom bon ou mauvais.*

C'est pourquoi je souhaite *que ce livre pratique soit lu partout, qu'il pénètre dans toutes les familles, et soit mis dans la corbeille de mariage de tous les jeunes époux.* Qu'avant de donner un nom à l'enfant on choisisse un prénom convenable, plus tard cela évitera bien des ennuis non seulement à soi-même, mais aussi à l'enfant, pauvre petit être qui hérite, sans le vouloir, d'une fatalité souvent bien pesante.

DERNIERS MOTS

L'esprit investigateur du xixᵉ siècle ne s'arrête pas. Les sciences d'observation, filles des sciences occultes, trop fortes pour nous, jettent un éclat particulier à notre époque. Après la Phrénologie, la Physiognomonie, la Graphologie, voici l'*Onomatologie*. Que nous réserve demain ? Serviront-elles à améliorer le sort de l'homme, à élever son esprit ? c'est difficile à prévoir, car la loi naturelle veut que l'homme naisse, grandisse et meure, comme il se civilise et tombe en décadence.

Néanmoins, offrons aujourd'hui un aliment de plus à sa curiosité, à sa soif de savoir du nouveau : le mystère exerce toujours un attrait sur nos esprits rassis et sceptiques.

Ma tâche n'aura pas été stérile, si j'ai pu secouer un peu l'apathie des vieilles générations, et faire ressaisir aux jeunes le flambeau abandonné des sciences primitives, les plus simples, les plus hautes, les seules dignes d'occuper l'esprit humain.

En terminant cette partie scientifique, exigée par les hommes de science, qu'il me soit permis de dire que je crois avoir rempli un devoir social en publiant mes observations sur les prénoms.

L'*Onomatologie*, saisissant la fatalité sur le vif, hâtera l'ascension humaine en forçant la sélection intellectuelle et morale qui doit marcher de pair avec la sélection physique.

————:o:————

DICTIONNAIRE ONOMATOLOGIQUE

Tel prénom tel caractère.

J'étudie les hommes et non les positions sociales, a dit Michon lorsqu'il fit la Graphologie, j'en dirai autant en publiant l'*Onomatologie*.

Notes sur le dictionnaire onomatologique

Exceptions

En faisant le dictionnaire des prénoms principaux avec leurs attributions diverses, j'ai dû être précis : ce sont *des caractères-types. Il y a des exceptions.* Elles tiennent à des causes diverses, mode, jour de naissance, etc., nom donné dans des circonstances inconnues, pseudonymes ou autres. On ne saurait donc s'entourer de trop de précautions pour bien s'assurer du prénom véritable et normal [1].

Il faut voir cette science d'un esprit élevé, se mettre au-dessus des particularités de provinces, de petites régions, de milieux, car alors il serait impossible de jamais déterminer des types généraux : chaque région pouvant avoir ses mœurs, ses coutumes, sa manière de voir et de juger les hommes, ou ses grands hommes. J'ai laissé de côté les noms sur lesquels j'avais peu de données [2], dont les bases d'appréciation étaient peu nombreuses ; mes successeurs développeront l'*Onomatologie.* Pour chaque caractère-type, il m'a fallu prendre un certain nombre de personnes dont les points de ressemblance fussent suffisamment frappants. J'ai appliqué ce *moyen scientifique,* car c'est le procédé de la photographie composite appliqué aux races humaines.

J'ai de mon mieux expliqué chacun des caractères. Il y a certes beaucoup de traits communs, comment éviter des redites sur la quantité de noms détaillés ? mais *chacun d'eux a ses dominantes* que j'ai cherché à dégager en les

1. J'ai fait suivre chacun des noms détaillés d'une liste de célébrités, mais je ne garantis pas l'exactitude de leur prénom.
2. Cependant il y a une centaine de noms à peine étudiés sur lesquels j'ai donné des impressions plutôt que des certitudes.

soulignant dans le texte, et ces dominantes ne peuvent s'appliquer indifféremment à tous les noms.

A côté de cela il y a les nuances imperceptibles que la plume peut difficilement rendre ; il faudrait pour cela une *Onomatologie comparée* sur chaque grande passion, défaut ou qualité.

Pour ne citer qu'un exemple : *le sensualisme a plusieurs degrés*. Il se manifeste autrement chez les Fernand et les Georges que chez les Henri, les Alfred, ou bien chez les Albert et les Louis. Le sensualisme est plus ou moins normal et sanguin, selon que les nerfs ou l'imagination, ou le sang, entrent en jeu. Autant de nuances que je vois, mais explicables par la parole seulement.

De même pour les femmes, le *sensualisme*, ou affectuosité, n'est pas le même chez les Alice, les Marthe, les Madeleine, ou les Louise. Et tous les noms ne sont pas prédisposés à l'hystérie et aux influences hypnotiques. Quelle différence entre les Albert et les Alfred comme façon de comprendre les sciences ; quelle différence de *franchise* ou de loyauté entre un Albert, un Edmond, un Henri ou un Léon ; quelle différence de *sens pratique* entre un Eugène, un Louis ou un Emile ; quelle différence entre la *pondération* d'un Pierre ou d'un René, et la vivacité d'un Jean, d'un Paul ou d'un Emile ; et quelle distance entre la fatuité d'un Georges, la prétention d'un Emile, l'amour-propre d'un Louis et la *simplicité* d'un Ernest, d'un Gustave, d'un Jean-Baptiste ou d'un Joseph !

Le terme d'*orgueil* peut s'appeler : fierté, réserve, dédain, prétention, amour-propre, fatuité, etc.

Et ainsi de suite de la plupart des expressions.

J'ai reculé devant la *classification intellectuelle* d'après les prénoms comme dangereux, à peine ai-je donné quelques indications. De même pour *le physique*, à part quelques exceptions, comme Emile, Charles, Georges, Alice, Juliette, Catherine, Marie, etc.

Dans les caractères-types que j'ai décrits à la fin de ce livre, il m'a été difficile d'expliquer les différences qui résultent de l'*éducation* que la situation sociale impose aux enfants. C'est vraiment curieux de voir ces nuances dans la vie ordinaire ; comme on peut retrouver chez la paysanne inculte certaines particularités adoucies qui s'étalent chez la jeune fille de famille ou la bourgeoise. *Dans les noms*, en effet, comme dans toutes choses, *le fond du caractère est toujours le même*, mais il faut placer les êtres dans les mêmes conditions sociales pour voir s'ils agiront de la même façon.

Remarque importante. — Si le lecteur constate parfois quelque différence entre les caractères-types que j'ai décrits et les personnes connues de lui, qu'il se rende compte, comme je viens de le dire, avant de se prononcer, des milieux sociaux où ces personnes ont vécu.

Puis, et c'est ici que j'appelle tout particulièrement son attention, qu'il se pénètre bien : 1° *Que mes prénoms-types sont pris sur des personnes faites, c'est-à-dire ayant au moins vingt ans, et non sur des enfants ;*

2° *Que, la maladie ayant une influence énorme sur le caractère, il arrive souvent qu'une personne portant un prénom gracieux et doux sera, par le fait de son état pathologique, irritable et difficile à vivre.*

Liste alphabétique

ABEL

Nom très peu répandu.

Les Abel ont *l'imagination forte*, mais peu idéaliste ; *un esprit sceptique et railleur ;* des idées spéciales et exclusives.

Apparence froide, calme, peu communicative, et cependant au fond natures ardentes et même violentes.

Ils ont la volonté tenace, beaucoup de sens pratique et de positivisme; une certaine nonchalance, un peu de laisser-aller et de *sans-gêne*. Ils sont actifs et travailleurs.

Sensualisme assez puissant.

Noms connus : Abel Truchet. Abel Faivre. Abel Deval. (Abel) Hermant. Abel Goubaud. Abel Combarieu.

ABRAHAM

Nom hébraïque qui donne à ceux qui le portent un caractère grave et sérieux et de belles qualités.

Noms connus : Abraham Duquesne. Fabert. Lincoln.

ACHILLE

Nom très peu répandu.

Nom qui contraste avec son origine antique. Le bouillant Achille des Grecs ne se retrouve plus dans ses homonymes actuels, plus placides.

Ils ont l'imagination ardente, des idées arrêtées et parfois originales.

Ils ne manquent pas de courage cependant, et de volonté tenace.

En général assez francs, doués de bons sentiments et d'amour-propre susceptible.

Nom connu : Achille de Harlay.

ADOLPHE

Le nom d'Adolphe est assez répandu dans toutes les classes de la société.

Il donne une intelligence assimilatrice qui s'exerce sur les choses positives, c'est-à-dire *peu d'idéalisme*.

Les Adolphe ont une *nature douce et sensible*, avec quelques moments d'emportement et de violence; une affectuosité profonde et un sensualisme prononcé; mais ni *leurs manières, ni leurs sentiments n'ont une bien grande finesse.*

Ils sont plutôt francs, mais sachant être souples par intérêt, car ils sont mobiles d'impressions.

Leur volonté est moyenne, active, mais rarement entreprenante et audacieuse ; ils n'aiment pas beaucoup les tempêtes de la vie. Ils sont *pratiques*, et ils ont *une confiance superbe en eux-mêmes.*

Ensemble du nom sympathique mais faible.

Écriture : *Arrondie, inclinée*, rapide, et habituellement sans finales rentrantes bien accentuées.

Noms connus : Thiers. Adam. D'Ennery. Belot. Lalauze. Yvon. Ritté. Willette. Nourrit.

ADÈLE

Nom peu étudié.

Les Adèle sont des personnes douces et d'énergie faible, *sentimentales*, et parfois d'imagination rêveuse.

Au physique : Brunes en général, de figure ronde assez forte; les yeux vifs; et bien faites de corps.

ADRIEN

Les Adrien sont d'*intelligence moyenne, assimilatrice ;* d'imagination forte et rêveuse, et souvent portée vers les choses du merveilleux.

Ils ont la *volonté faible* mais suivie, beaucoup de sens pratique et d'habileté.

Ils sont affectueux et sentimentaux ; leurs manières sont aimables et bon enfant.

Nom faible et influençable ; franchise et loyauté très souples par manque d'énergie.

Ecriture : Très arrondie.

Noms connus : Desbarolles. Péladan. Peson. Decourcelle. Dimat. Lamourette.

AGATHE

Nom excellent. Bonne personne.

AGNÈS

Joli nom qui incarna longtemps le type des ingénues au théâtre.

Les Agnès ont le caractère *doux, simple et gracieux*; elles aiment le calme et la vie paisible plutôt que l'agitation. Elles manquent de timidité et ont confiance en elles-mêmes.

Elles sont aimantes, constantes dans leurs affections, mais de *sensibilité faible*, et *peu passionnées*.

Leur *volonté est suivie*; elles ont de la fermeté et beaucoup de sens pratique; leur ingénuité d'antan, suivant le mouvement des mœurs, ne manque pas d'une certaine habileté, et leur sens moral est assez indépendant.

Nom connu : Agnès Sorel.

AIMÉE

Joli nom qui donne des manières douces, le désir de plaire, des sentiments affectueux, mais une volonté faible.

ALBERT

Un des noms les plus intéressants et des plus sympathiques.

Les Albert ont l'esprit ouvert et curieux, *l'imagination vive, ardente et enthousiaste;* les idées variées, *plus étendues que profondes*, parfois originales; ils ont des aptitudes pour les sciences non exactes, un attrait pour tout ce qui est merveilleux, inconnu et caché. Ils sont plus idéalistes que positifs, et ils ont le goût du beau comme tous les vénusiens. Ils ont les *idées mobiles*, mais ce qui ne les empêche pas d'avoir des convictions fortes, car ils sont *croyants*.

Causeurs agréables, spirituels, pittoresques, aimant la discussion, et souvent la contradiction; doués de sens critique et moqueur, mais *jamais sceptiques*, leurs idées sont plutôt libérales par un sentiment de justice inné chez eux; observateurs *amis de la nouveauté, avec un fond traditionnel.*

Assez gais, éveillés et pleins d'entrain; s'ils perdent leur expansivité à un certain âge, ils restent toujours aussi croyants et pleins d'illusions.

Francs, loyaux et sincères, confiants, ils ne trompent jamais, mais ils sont souvent dupés; leur retenue voulue la fait prendre pour de l'hypocrisie; ce sont des *spontanés et primesautiers, des expansifs,* mais discrets sur les secrets qu'on leur confie.

Bons garçons, de manières aimables, *rendant toujours service,* fidèles à leurs amis quand ils en ont, et *ayant tous le culte du souvenir et du passé.*

Ils ont une *vive sensibilité*, et beaucoup de douceur, mais très *nerveux, impressionnables et vifs,* leur humeur s'en ressent; ils ont des instants désagréables et susceptibles, mais *n'ont jamais de rancune.*

Ils ont le tempérament amoureux; *la femme a sur eux beaucoup d'influence,* mais ils sont *plus sentimentaux que sensuels;* bien qu'aimant *le changement,* ils peuvent s'attacher fortement à une seule personne; ils ont du *cœur* et sont *très dévoués.*

D'apparence simple et sans façons, parfois aussi dédaigneux, ils ont *l'amour-propre présomptueux;* ils sont orgueilleux, mais jamais prétentieux ou fats.

Il se dégage de ce nom d'Albert une grande *indépendance de caractère*, sous une soumission apparente qui leur vient sans doute d'un besoin d'équilibre et de symétrie.

Leur vivacité peut aller jusqu'à la violence; *ils s'emballent très facilement*, ils manquent de sang-froid et de réflexion, mais ils ont l'apparence indécise et souvent très calme. C'est un caractère plein de contrastes.

Nés sans grande volonté ni énergie, facilement découragés, ils arrivent par le raisonnement et par les idées fixes à posséder une volonté forte, tenace, énergique, et même très prudente; ils arrivent à dompter leur *inconstance* naturelle; *très actifs, travailleurs irréguliers, aimant le mouvement*, ils conduisent assez bien leur barque, bien que *se laissant facilement influencer*, manquant de sens pratique et d'à-propos.

Audacieux, entreprenants, *courageux, ils paraissent timides* et ne se jettent pas facilement dans une mêlée; ils ont *le courage moral* plutôt que physique; ils ont les *idées absolues*, souvent exclusives, ils cherchent à les faire dominer; leurs pensées vont de l'avant, ils sont apôtres en leur genre.

Très peu autoritaires par manque d'aplomb, ils sont *peu aptes au commandement*.

Ils dépensent très facilement, du moins l'argent pour eux n'est qu'un moyen de combattre.

Ils sont joueurs, non par cupidité, mais par besoin d'aventures et de sensations d'inconnu.

Nom très mobile, sérieux au fond, léger en apparence; sincère en affections, et de bonne foi; les Albert n'emploient ni la ruse ni l'intrigue pour arriver.

C'est un caractère sur lequel on peut compter.

Ensemble très bon.

Écriture : *Très arrondie, inclinée, rapide, mouvementée et grasse, majuscules commençant à gauche*, du moins l'A de la signature, *barres de T inégales*.

Physique : En majorité blonds et châtains. Tempérament sanguin-nerveux-lymphatique. Physionomie vénu-
sienne, mercurienne et lunarienne.

Noms connus : De Rochas. Santos-Dumont. Liebig.
Albert Grisar. Carré, de l'Opéra-Comique. Brasseur.
Congy. Christophle. Vandal. Viger. Maignan. Besnard.
Aublet. Carrier-Belleuse. Bartholomès. Bréauté. Guil-
laume. Robida. Samain. Monniot.

Albert Dürer, célèbre dessinateur. Gaudry, grand savant. Haller, physiologiste. Albert de Bec, qui au xviiie
siècle s'occupa de prophétie. *albert de Mégique*

Historique : ALBERT LE GRAND est le type le plus parfait des Albert. Les quelques lignes qui suivent sur son
caractère et ses œuvres résument et accentuent ce que j'ai
dit plus haut : « Peu de précocité ; inhabile à la réplique,
« l'argumentation la plus superficielle le pétrifiait sur-le-
« champ ; de mémoire ingrate, il repoussait la science
« acquise. Parole lente et embarrassée ; c'était le moins
« docte des frères prêcheurs ; il était humilié de son incu-
« rable médiocrité et voyait avec douleur ses compa-
« gnons monter en grade, devenir docteurs, et lui ne pou-
« vait pas. Il changea à l'âge de 23 ans.

« Réaliste et observateur, il s'occupa de découvertes
« scientifiques, de théologie, de physique, d'alchimie ; il
« scruta les mystères de la matière, fit un traité des ani-
« maux depuis l'éponge jusqu'à l'homme ; il s'occupa de
« la physiologie du crâne, de phrénologie, de physiogno-
« monie. Ce fut un novateur qui s'attela à la recherche
« des causes. Ce fut le vrai fondateur de la méthode
« scientifique moderne. »

Ce cas d'Albert le Grand, un des plus grands savants
connus, dont les œuvres ne sont même pas traduites en
français, peut s'appliquer à beaucoup d'Albert peu pré-

coces, dont l'imagination jeune et voyageuse reste longtemps avant de se fixer.

Sympathies : Alice. Eugénie. Berthe. Marthe. Louise.
Albert. Georges.

Antipathies : Marguerite. Madeleine. Blanche. Louis.

ALBÉRIC

Nom peu répandu.

Les Albéric tiennent beaucoup des Albert, mais leurs
idées sont moins larges ; ils sont plus concentrés et plus
calmes, et sont doués de *plus de sens pratique*, bien
qu'ayant l'imagination presque aussi ardente.

ALEXANDRE

Le nom oblige, car dans tous les noms il y a de l'atavisme. Cependant, par le cours des temps, les mœurs
changent, les nations se scindent et se croisent, et certains
noms se modifient au point d'être parfois l'envers du type.
Les Alexandre ont au moins conservé du premier Alexandre une certaine magnanimité.

Le nom d'Alexandre indique un *caractère plein de lui-
même*, non impétueux ni téméraire ; *actif et entreprenant*,
mais prudent, digne de réussir, et qui réussit habituellement. Ils sont *nets en affaires* comme en tout, et savent
commander.

D'*intelligence ouverte*, imaginatifs et positifs à la fois,
les Alexandre s'intéressent aux choses de l'esprit, mais
sont *moqueurs et souvent sceptiques*.

Ils ont le caractère égal et franc, beaucoup de cœur et
le tempérament très affectueux.

Noms connus : Alexandre Ribot. Bisson. Cabanel. Charpentier. Alexandre Volta. Brongniart. Decamps. Les
Empereurs de Russie.

Historique : Alexandre de Serbie et Alexandre de Battenberg ont eu la même destinée.

ALEXANDRINE

Nom qui dérive d'Alexandre, mais moins bon. Il donne *une imagination forte, parfois exubérante, de la prétention,* et un caractère assez susceptible.

ALEXIS

Nom assez bon, mais peu donné, si ce n'est en Russie.

ALFRED

Les noms qui commencent par Al ont des points de ressemblance : Albert, Alfred, Alexandre, mais avec des différences profondes qui appellent un parallèle intéressant.

Les Alfred ont *l'intelligence assez lente ;* ils sont avant tout *sceptiques,* il leur manque l'esprit philosophique, et sont réfractaires aux sciences psychiques. Ils sont *exclusifs dans leurs idées* et moins libéraux que les Albert. Ils ont des goûts artistiques ou littéraires, mais assez bourgeois et routiniers, ils n'attachent souvent de prix à un objet que selon sa valeur marchande. Manquant du vrai sens critique, ils sont *moqueurs,* aiment à causer ; leur *élocution est assez lente, comme s'ils cherchaient leurs phrases ;* ils sont questionneurs et aiment la contradiction par incrédulité ; leurs idées ont une finesse d'apparence, elles ont toujours un fond de *matériel.*

D'un naturel vif et enjoué, téméraires dans leur jeunesse, ils *deviennent froids, compassés, hypocondriaques et défiants à l'âge mûr,* vers la trentaine. Les Albert, au contraire, conservent leur entrain et leur jeunesse jusqu'à un âge avancé.

Très peu impressionnables, ils savent mesurer leurs paroles et leurs mouvements ; ils sont calmes, *pondérés, prudents à l'excès,* et peu accessibles au vertige.

D'un *tempérament* affectueux et *sensuel, très portés sur le beau sexe,* auquel d'ailleurs ils plaisent beaucoup par leurs paroles flatteuses, leurs *façons apprêtées et maniérées,* et leur *absence de timidité.* Mais ils aiment beaucoup l'extérieur, *s'attachant moins au fond qu'à l'apparence* ; c'est le contraire chez les Albert. Sans être égoïstes, ils sont assez *personnels* et se sacrifient peu pour les autres. Ils sont retenus et questionneurs, peu expansifs en général ; *susceptibles et chicaniers par méticulosité,* d'un *amour-propre chatouilleux,* et de maintien assez raide.

Leur *volonté* est froide, *patiente, persévérante* ; ils travaillent avec *régularité et minutie,* aiment à examiner chaque chose, *peser le pour et le contre,* sans s'emballer. Ils sont décidés, et cependant peu entreprenants ; ils ont moins d'initiative que les Albert. Ils ont de *l'aplomb, du sang-froid, confiance en eux-mêmes, mais jamais autoritaires.*

Beaucoup de *sens pratique,* ne *dépensant pas mal à propos* ; leur intérieur est coquet, féminin, rempli de brimborions.

Ils ne manquent pas de franchise et de loyauté, mais ils sont *très facilement prometteurs.*

Peu joueurs, en général, par manque d'impressionnabilité et d'imagination aventureuse.

Ce nom d'Alfred est loin d'être mauvais ; mais l'ensemble est froid, prudent, peu mouvementé.

Physique : *Bruns en majorité. Tempérament sanguin et matériel* sous une apparence parfois très fine et mièvre ; naissent beaucoup dans les mois d'automne et d'hiver.

Écriture : *Appuyée, grasse, arrondie, mais lente et peu* *inclinée.* Recherche dans les majuscules ; lettres régulières et souvent d'égale hauteur.

Noms connus : Alfred Bruneau. Picard. Mézières. Hennequin. Binet. Muteau. Boucher. Vallette. Capus. Tennyson. Nobel. Fouillée. Grévin. Assollant. Delvau. Nettement.

Saint Alfred remplit sa tâche avec exactitude et supériorité.

Historique : Alfred de Vigny : blond aux yeux bleus, amoureux des femmes.

Alfred de Musset et Alfred Darimon : bruns, figure longue, froide et renfrognée.

ALICE

Voici un nom féminin des plus intéressants et dont le caractère est des plus tranchés.

Les Alice ont le cerveau original, les idées souvent arrêtées, car leur front bombé leur donne de *l'obstination. Un certain nuageux dans la pensée qui n'est pas de l'idéalisme, car elles sont très positives, terre à terre,* et bourgeoises.

Très sensibles, *compatissantes,* elles *ont du cœur* et se laissent facilement duper; alors elles donnent sans compter, bien qu'elles soient plutôt économes et peu dépensières.

Tempérament amoureux et sensuel, souvent hystériques, mais non vicieuses. *Chose curieuse, malgré leur tempérament passionné,* elles ont *beaucoup de pudeur et de réserve.*

Elles sont coquettes, mais sans aucune prétention, ni fatuité ; au contraire, *manières douces et simples,* apparence digne, presque timide. Elles sont *peu communicatives et très concentrées.*

Caractère susceptible, souvent difficile, surtout lors-qu'elles ont à commander. Elles sont *jalouses, rancunières* et se souviennent longtemps des injures.

Elles aiment leur indépendance par-dessus tout, et ont le sens moral assez large.

Leur volonté est inégale, *capricieuse*, souvent opiniâtre et obstinée ; *elles savent se tirer d'affaires.* Accès d'énergie et de force physique qui démentent leur apparence non-chalante, délicate et molle.

Très propres, très rangées, elles aiment leur intérieur, la vie sédentaire et calme, surtout lorsque leurs sens sont apaisés.

Elles mentent facilement et inconsciemment, comme toutes les hystériques, mais elles sont sincères dans leurs affections ; elles *s'attachent très difficilement, peu de per-sonnes leur plaisent.*

Très portées aux idées noires et au suicide.

Les Alice sont de *bons sujets pour les magnétiseurs*, elles sont influençables à distance.

Physique : Visage rond ovale, figure un peu plate. *Brunes en majorité,* avec les yeux gris marron et le *teint mat,* même chez les blondes; sourire silencieux et agréable; *dents jolies, bouche plutôt petite,* seins petits. Tempérament sanguin-lymphatique. Type un peu lunarien. *Prédisposi-tion à l'hystérie et à la maladie de la moelle épinière,* donc complexion délicate, avec du ressort; migraines fréquentes; n'ont pas ou peu d'enfants, des filles plutôt, et dépassent rarement 50 ans.

Ecriture : Arrondie, large, irrégulière comme incli-naison. Finales écourtées. Grasse, moitié molle, moitié énergique.

Historique : Alice dans Sapho s'est suicidée.

Nicolas II épousa une Alix (de Hesse), et lors de son

voyage à Paris remarqua, dit-on, la femme d'un de nos ministres nommée Alice ; d'où divorce qui s'ensuivit.

Analogie : Lucie. Louise. Alice.

{ *Lucie* femme de tête,   devoir   idées raisonnables.
{ *Louise* femme de cœur, obéissance   idées superficielles.
{ *Alice* femme de sens,   indépendance idées bizarres.

{ *Lucie* femme prude,   raisonneuse volonté tenace.
{ *Louise* femme simple, aimante   volonté faible.
{ *Alice* femme pudique, amoureuse   volonté inégale.

{ *Lucie* teint coloré,   sensibilité contenue.
{ *Louise* teint rosé,   sensibilité normale.
{ *Alice* teint mat,   sensibilité névropathe.

ALINE

Les Aline *tiennent beaucoup des Alice*. Même apparence froide et réservée, même tempérament passionné, mêmes prédispositions à l'influence magnétique.

ALPHONSE

Le nom d'Alphonse, type créé par un romancier célèbre, et donné à une catégorie douteuse d'individus, ne change pas la signification de ce *nom plutôt sympathique.*

Les Alphonse ont l'intelligence vive, mais leurs idées sont exclusives et partiales ; ils ont *l'esprit fin et délicat.*

Ils sont *remarquablement sensibles*, nerveux, *impressionnables ; affectueux, passionnés et portés sur le beau sexe* qu'ils séduisent par leur douceur et leur amabilité. Ils *sont liants, féminins.* Ils *ont bon cœur.* Habituellement gais et enthousiastes, mais sujets aux accès de misanthropie et de découragement.

Sans être ni fats ni prétentieux, *ils ont d'eux-mêmes une bonne opinion.*

Ils aiment leur intérieur et leur tranquillité.

De *volonté faible et conciliante*, d'un caractère pas très accentué, ils sont cependant actifs et persévérants ; dans leurs ambitions leur chance est inégale et éphémère.

L'ensemble du nom est sympathique, actif, franc et sincère.

Physique : Physionomie et caractère *vénusiens*.

Écriture : *Rapide, arrondie et couchée. Traits gras et légers.*

Noms connus : Alphonse d'Albuquerque. Les Rois d'Espagne. De Lamartine. Karr. De Neuville. Alphonse Daudet. Humbert. Mucha. Milne-Edwards. Bertillon. Monchablon.

AMBROISE

Nom peu commun ; il donne un *cerveau solide*, des idées sérieuses, et de *bons sentiments*.

Noms connus : Ambroise Paré. Ambroise Thomas.

AMÉDÉE

Nom assez bon.

Noms connus : Mozart. Achard. Bousquet. De Bast.

AMÉLIE

Les Amélie sont des *femmes de tête, positives et persévérantes*.

Elles sont sentimentales et sensuelles à la fois ; elles ont le *caractère assez personnel et indépendant*.

Ensemble assez bon.

Noms connus : Amélie, reine de Portugal. Amélie Mesureur.

ANATOLE

Nom très peu donné.

Les Anatole ont l'imagination forte, un peu nuageuse, et l'esprit ouvert. Ils sont positifs et pondérés.

Leur tempérament est sensuel.

Noms connus : Anatole de la Forge. Deibler. (Anatole) France.

ANDRÉ

Ceux qui portent le nom d'André ont une bonne intelligence, *de l'imagination*, des idées souvent originales et bizarres et assez exclusives ; du goût pour les choses intellectuelles, mais ils *manquent de finesse et d'idéalisme.* Ils sont *moqueurs et sceptiques.*

Très impressionnables et variables ; d'un *naturel doux et dur alternativement, assez violents*, mais ayant de l'empire sur eux-mêmes ; mélange de bonnes manières, de brutalité et de brusquerie. Ils ont *de l'aplomb*, beaucoup d'indépendance de caractère, et *du sans-gêne.*

D'un *tempérament sensuel* et affectueux, ils n'ont pas avec la femme toute la délicatesse voulue.

Personnels, ils songent d'abord à eux-mêmes avant de songer aux autres. Ils n'aiment pas dépenser.

D'une franchise qui laisse un peu à désirer ; *souples* et parfois flatteurs.

Ils sont gais par saccades ; le fond est plutôt sérieux, *peu communicatif, même concentré.*

Leur volonté est forte mais inégale ; plus opiniâtres que persévérants. *Autoritaires, ils savent plier quand leur intérêt l'exige.* Ils sont *actifs, travailleurs, positifs et minutieux.*

L'ensemble de ce caractère *est bon, mais assez matériel.*

Saint André, physionomie heureuse, ardeur, empire sur lui-même. Bonnes qualités de jeunesse.

Ecriture : Arrondie et dure, inégale.

Noms connus : André Antoine. Lebon. Giron. Massoule. Theuriet. Brouillet.
André Masséna. Lenôtre.

ANDRÉE

Nom féminin assez rare, dont le caractère est difficile à comprendre et à définir.

Intelligence aux idées bizarres et parfois nuageuses, mais dont le *fond est positif, même terre à terre.*

Nature douce et nonchalante, avec énergie par accès.

Les Andrée ont la *volonté calme, obstinée, elles savent se tirer d'affaires,* car elles sont pratiques.

Orgueilleuses, susceptibles et *indépendantes,* de maintien plutôt raide ; elles aiment leur confortable et même le luxe, mais regardent à la dépense.

D'un tempérament affectueux, amoureux et sensuel, elles sont *tantôt inconséquentes, tantôt réservées jusqu'à la froideur ;* elles ont beaucoup d'empire sur elles-mêmes, *savent cacher leurs impressions, et livrent peu leur pensée.*

En résumé : caractère intéressant et pas banal ; le fond est bon.

Etymologie : Energie, dureté.

ANGELO

Nom excellent.

Noms connus : Angelo Mariani. Le Père Secchi.

ANGÉLIQUE

Nom qui dérive du nom d'Angèle, mais l'imagination est moins légère. Il est plus positif, et donne de bons sentiments.

ANGÈLE

Joli nom peu donné ; son origine est douce et agréable.

Les Angèle ont le cerveau léger, l'*imagination rêveuse et vagabonde, l'esprit ouvert mais superficiel. Elles sont idéalistes.* Elles aiment *à se moquer, sceptiques* et ne comprenant pas toujours bien.

Ce sont des personnes délicates de sentiments et assez dévouées. Le *cœur chez elles passe avant les sens.* Elles sont gracieuses, *mais impressionnables à l'excès,* de vraies sensitives, par cela même *très susceptibles,* aimant les petites attentions et se froissant pour un rien. Sens moral assez indéterminé.

Vives, actives, brouillonnes, elles font ce qu'elles peuvent pour être ordonnées, positives et persévérantes.

L'ensemble du *caractère des Angèle est faible mais bon.*

Écriture : Traits fins et *arrondis. Grands mouvements de la plume;* inclinaison des lettres.

ANNE

Nom très doux à l'oreille, surtout commun en Bretagne. Il personnifie la Bretonne.

Celles qui portent ce nom d'Anne sont *douces, sensibles, aimantes et bonnes.*

Leurs *manières sont gracieuses.*

Elles ne manquent pas de caractère, au contraire, leur volonté est calme, conciliante, mais très ferme.

En général très intelligentes.

C'est un *nom supérieur* à tous les points de vue.

Physique : Visage arrondi.

Sainte Anne, gracieuse.

Historique : Anne de Bretagne, douceur et fermeté.

Henri VIII, roi d'Angleterre, épousa deux Annes : Anne de Boleyn qu'il fit décapiter ; Anne de Clèves avec laquelle il divorça.

Noms connus : Ninon de Lenclos. Anne-Sophie Swetchine. Anne de Gonzague. Duchesse d'Etampes, belle et savante. Anne Dacier. Marie-Anne des Ursins.

ANNA

Le nom d'Anna ressemble beaucoup à celui d'Anne, mais il est moins gracieux et moins bon. L'A final déforme, en effet, la signification, en mettant plus d'indépendance et de caprice dans le caractère.

Les Anna ont l'*esprit vif*, les *idées assez originales*. Elles sont *indépendantes de caractère, parfois inconséquentes, très vives, capricieuses, susceptibles et vindicatives*. Elles ont un *extérieur qui plaît*, elles sont plutôt *gaies et coquettes*, et cherchent à plaire, heureuses des attentions et compliments.

Elles sont *aimantes et sensuelles* ; leur sens moral est assez large.

D'une volonté *obstinée* ; *positives* et *personnelles* ; elles songent d'abord à leurs petits intérêts et *savent se tirer d'affaire* ; elles aiment causer et ne disent pas toujours ce qu'elles pensent.

Alternatives d'énergie et de nonchalance.

Physique : Visage large, parfois carré. Apparence forte.

ANTOINE

Caractère sur lequel j'ai eu peu de documents vécus.

Le nom d'Antoine donne un *cerveau sérieux et solide*. Une volonté froide et dure ; de l'audace et du courage ; de l'*indépendance de caractère*, et des passions violentes. Les

Antoine savent causer, raisonner ; ils sont studieux.

Si le physique est agréable, le caractère ne l'est pas toujours, et ils manquent de grâce dans les manières.

Tempérament sensuel.

Amour-propre susceptible, *confiance absolue en eux-mêmes*, mais rarement autoritaires.

Les Antoine sont enclins à la tristesse et au pessimisme malgré leurs succès.

Caractère un peu fermé et pas toujours sûr.

Saint Antoine. Sobre, obéissant, prédication, passions réfrénées.

Noms connus : Saint-Just. Watteau, qui était pessimiste. Parmentier. Barnave. Rivarol. Rubinstein. Chapu. Etex. Marquis de Morès. Lumière le père. Van Vélie. Guillemet. Anton Van Dyck. Stradivarius. Le Grand Arnaud.

Remarque : Ce nom était assez commun jadis ; on le rencontre beaucoup chez les peintres et sculpteurs.

ANTONIO

Nom espagnol correspondant au nom d'Antoine.

Caractère moins franc et moins courageux que son homonyme français.

Les Antonio ont de belles manières, douces, de belles paroles, mais ils sont prometteurs et susceptibles.

Tempérament sensuel.

Historique : Antonio Escobard.

ANTONIN

Nom très peu répandu. L'origine est excellente, si elle vient des Empereurs romains de ce nom.

Ce nom dérivé d'Antoine donne un caractère plus tranché, plus défini que ce dernier.

Les Antonin ont le *cerveau solide*, bien constitué, mais des idées exclusives et spéciales, *comme chez les Auguste.*

Ils sont *peu communicatifs*, parfois un peu frustes, mais ils ont de la franchise.

Caractère fort et volontaire, mais non autoritaire. *Sensualisme marqué. Grand fond de douceur et de bonté, malgré l'apparence.*

Remarque curieuse que je ne m'explique pas. Il y a plusieurs de nos sculpteurs les plus connus qui portent ce prénom d'Antonin. Est-ce coïncidence ? Tels sont Antonin (Antoine dit) Injalbert, Mercié, Carlès, Larroux et autres dont le nom m'échappe.

ANTOINETTE

Ce nom est peu répandu, aussi le caractère a été peu étudié.

Les Antoinette ont l'esprit éveillé, mais les *idées étroites*, et la *volonté obstinée.*

Chez elles *le caprice et les sens dominent ;* elles sont *vives, susceptibles,* excessivement impressionnables, avec des moments difficiles.

Elles manquent un peu de douceur.

Physique : Brunes en majorité.

Type : Marie-Antoinette, reine de France.

ARISTIDE

Nom dont l'étymologie est belle, mais peu donné de nos jours. A-t-il hérité des qualités du grand Athénien ?

Le premier Aristide, le Juste, était probe, équitable.

Il semble que les Aristide aient l'*intelligence pratique et positive,* et qu'ils soient doués de l'esprit d'organisation. Ils ne manquent pas d'habileté diplomatique, de tact et d'équité.

Noms connus : Aristide Boucicaut. Aristide Briand.

ARMAND

Nom possédant un caractère assez tranché.

Les Armand ont l'*intelligence lente mais claire et patiente,* peu d'imagination, des idées exclusives ; et ils sont plus assimilateurs qu'originaux.

Leur *tempérament est sensuel* sous une apparence plutôt froide et peu communicative.

Ils sont *habituellement francs et honnêtes.*

Leur volonté est calme, suivie, tenace, ils *s'emballent rarement ;* ils sont énergiques, mais savent plier quand il le faut. Ils ont *de la suite dans les idées,* du *sens pratique,* de l'aplomb et du courage même.

Ensemble solide et sérieux plutôt que léger et capricieux.

Physique : *Bruns en majorité.*

Historique : Cardinal de Richelieu.

Noms connus : Armand Trousseau. Barbès. Cardinal Lavigerie. Silvestre. Grébeauval. Fallières.

ARMANDE

Nom très peu donné.

Les Armande ont l'imagination rêveuse ; l'extérieur plaisant ; le *sensualisme voluptueux,* et les idées morales assez larges et indépendantes.

ARTHUR

Comme les noms commençant par une syllabe lente, ce nom donne une *intelligence lente à comprendre,* et une *imagination originale ;* une *volonté plus opiniâtre qu'active.*

Concentrativité prononcée ; manque de gaieté, ou gaieté par à-coups.

Remarque : Cette lettre *r* venant après l'A est difficile à prononcer. Le préfixe *Al* est plus souple et plus ouvert.

Noms connus : Schopenhauer. Wellington. Balfour.

ARSÈNE

Ce nom donne un *cerveau bizarre*, excentrique, et de l'imagination.

Concentrativité marquée ; volonté tenace et obstinée.

Noms connus : Arsène Houssaye. D'Arsonval. (Arsène dit) Jules Claretie.

Remarque : Les prénoms commençant par Ar, Armand, Arthur, Arsène, Aristide, manquent de gaieté. (Arthur Schopenhauer.) Mais ils sont doués d'une certaine droiture et probité.

AUGUSTE

Nom intéressant et de *caractère bien tranché.*

Les Auguste ont *l'intelligence* lente, mais *profonde.* Ils sont observateurs, *fouilleurs*, perspicaces ; ils ont *l'esprit moqueur et caustique*, mais des idées arrêtées, exclusives, et *des convictions.*

D'un naturel sensible, d'un *tempérament sensuel et vigoureux*, ils plaisent beaucoup aux femmes par leur aspect un peu fruste. D'ailleurs ce sont de beaux hommes, *assez contents de leur physique* sans être prétentieux. Ils ont les *sentiments profonds*, s'attachent difficilement et sont constants dans leurs affections.

Les *Auguste sont tout d'une pièce*, ils manquent souvent de souplesse et de compréhension juste, de sorte que leur caractère n'est pas toujours facile.

Ils sont *honnêtes et francs*, mais *peu communicatifs.* Cependant, dans l'intimité, ils se montrent simples, aimables et causeurs.

Leur gaieté vient par accès ; ils ont parfois même beau-coup d'entrain, mais ils sont *enclins à la* tristesse et *au pessimisme.*

Volonté tenace qui arrive par un labeur opiniâtre et *consciencieux.* Ils sont actifs, *énergiques, courageux et positifs.*

Ils *n'aiment pas dépenser mal à propos,* mais ils ont *du cœur,* tout en pensant d'abord à eux-mêmes.

L'ensemble de ce caractère est bon.

Physique : Beaux hommes, du moins solidement bâtis. Bruns en général. Tempérament *sanguin.*

Noms connus : Auguste Blanqui. Bartholdi. Rodin. Flameng. Hiolle. Chirac. Vacquerie. Dorchain. Paris. Affre. Harris. Cornet. Chinchon. Cain. Barbier. Bernaert.

Historique : L'Empereur Auguste était avare et égoïste, de volonté opiniâtre.

AUGUSTIN

Nom peu commun. Il peut être assimilé au nom d'Auguste comme caractère solide, et amour du travail long et patient.

Nom connu : Augustin Thierry, historien.

AUGUSTINE

Nom moins fort que le nom d'Auguste : la désinence « ine » donne plus de légèreté au cerveau.

Les Augustine sont *vives, coquettes, aimantes et sen-suelles ;* elles ont *du cœur et de la sincérité,* du *sens pratique* et une certaine volonté.

AURORE

Voici un nom peu banal. Il ne se donne plus de nos jours, c'est regrettable, car les Aurore sont des *femmes supérieures et intelligentes.*

Elles ont de la clarté dans les idées, du *jugement*, *l'ima-giination profonde et originale ;* elles sont bonnes causeuses et spirituelles.

D'un *naturel doux et sensible,* elles sont affectueuses et *aimantes,* amies des plaisirs du corps et de l'esprit. Très vives, cherchant à plaire, et de manières aimables.

Caractère indépendant et franc, ouvert et expansif.

Volonté forte, beaucoup d'empire sur elles-mêmes, ce sont *des femmes de tête.*

Physique: *Blondes généralement*, figure large et grand front.

Analogie : Ressemblent aux Claire, mais ces dernières sont plus vives et plus brillantes.

Historique : Aurore Dupin (*George Sand*) était la petite-fille d'Aurore de Kœnigsmark, mère du maréchal de Saxe, femme de tête et d'intelligence supérieure. Elle avait de qui tenir, et l'atavisme s'est exercé à longue échéance par le prénom.

BARNABÉ

Nom excellent, pondéré, mais qui manque un peu d'énergie.

BENOIT

Nom un peu douteux, qui donne des idées positives et de la souplesse de caractère.

BERNARD

Ce nom est des plus sérieux, il donne une grande *douceur de caractère, du calme* et *un cerveau profond. Belles qualités morales.*

Noms connus : Bernard Palissy. Bernard de Trévise, alchimiste. Fontenelle. De Jussieu.

BERNARDIN

Nom qui ressemble à Bernard, même *simplicité, même douceur*, mais volonté moins forte ; même *bonté et qualités morales*.

Saint Bernardin : homme simple, doux, charitable.

Nom connu : Bernardin de Saint-Pierre.

BERTHE

Nom agréable qui tient des Albert, avec lequel d'ailleurs il sympathise.

Les Berthe sont *d'intelligence ouverte et vive ; d'imagination mouvementée ; curieuses, moqueuses, enthousiastes*. Elles ont les *idées fines* et larges, elles aiment les travaux intellectuels, mais sans trop approfondir.

Elles sont de *nature douce et sensible*, très *nerveuses, vives* et *impressionnables*, ce qui les rend susceptibles, parfois difficiles, et leur donne des *tristesses subites*.

Affectueuses, aimantes, sentimentales et même passionnées. *Bonnes* et *serviables*, et *dévouées*.

De *manières* aimables et *gracieuses*, de tenue fière et distinguée, essentiellement féminines, *elles plaisent* généralement *beaucoup ;* elles ont l'amour-propre susceptible, de la *coquetterie ;* elles sont peu prétentieuses et cependant *aiment être remarquées et admirées*. Caractère un peu léger, *capricieux, inconstant*, aimant la nouveauté.

Franches et confiantes, elles sont cependant discrètes, et réservées à un certain âge, sans parvenir à la défiance. Ce sont plutôt des *spontanées*.

Elles regardent peu à la dépense.

Volonté moyenne, inégale, vive et *impatiente*. Très actives, aimant le mouvement, mais pas assez d'aplomb et d'initiative pour réussir. Elles ne sont pas assez habiles, ni positives ni intrigantes.

Leur nervosisme les rend sujettes aux *rêves et hallucinations*. Sujets mediums.

Ensemble très bon, gracieux et sympathique.

C'est un des meilleurs noms, car sous une apparence légère et capricieuse, le fond est sérieux.

Physique : *Belles et bien faites.* Assez piquantes. Blondes ou châtaines en majorité. Lune et Vénus les dominent, ainsi que la couleur bleue qu'elles préfèrent.

Ecriture : *Arrondie, rapide, inclinée, mouvements à droite.*

BLANCHE

Nom et caractère tranchés, mais *assez indéfinissables.*

Les Blanche ont une intelligence qui ne se manifeste pas toujours en dehors ; *leurs idées* sont bizarres et *fantasques*, nuageuses et *distraites ; cerveau plutôt superficiel. Jugement bon.* Elles sont très *moqueuses et ironiques.*

De nature sensible mais peu impressionnable, du moins elles savent garder leur *calme et leur sang-froid.*

D'un *tempérament sensuel et amoureux,* elles s'attachent très difficilement et fortement. Elles sont *jalouses, vindicatives et rancunières,* mais cependant peu méchantes.

Elles ont *le caractère* bizarre, très *indépendant* et même *inconséquent.* Coquettes et provocantes. Leur sens moral est plutôt large.

Elles ont le *cœur bon et compatissant, elles ne regardent pas à la dépense, et se laissent facilement duper.* Confiantes et crédules, bien que semblant parfois calculer tout ; *apparence peu communicative et renfermée.*

Leur volonté s'exerce surtout dans *la résistance,* elles sont donc peu entreprenantes ; calmes et lentes au travail ; elles manquent d'ordre ; elles sont *indolentes* et de *laisser-aller facile ; très positives et rêveuses à la fois.*

Elles paraissent femmes de tête, mais en réalité sont

très influençables, par apathie peut-être. Ce sont des personnes *pas toujours bien équilibrées,* capricieuses. *Elles plaisent généralement beaucoup.*

Physique : Visage ovale, large du haut ; *nez aquilin ou droit, teint mat, visage un peu masculin et parfois sévère,* surtout à un certain âge. Blondes ou châtaines ; *bien faites de corps,* poitrine forte ; type lunarien. Maux de tête fréquents.

Ecriture : *Large, lente, tordue.*

Historique : Blanche de Castille, que les Français préférèrent à sa sœur pour Louis VIII parce que son nom était plus gracieux. Blanche de Castille avait le visage doux et sévère ; la peau blanche ; elle était belle. Elle sut se faire obéir. Prudente et de bon conseil. Il courut des bruits sur elle et ses preux comme le comte Thibaut de Champagne.

BLAISE

Bon nom rarement donné, parfois pris en ridicule, je ne sais pourquoi.

Il indique la douceur de caractère, le calme, la bonté et la simplicité.

Noms connus : Blaise Pascal. Blaise de Montluc, qui eut la renommée d'être dur et sévère ; mais était-il réellement cruel ?

CAMILLE (Homme)

En général ce nom appartient à des hommes au-dessus de la moyenne comme intelligence, volonté tenace et ondoyante, et suite dans les idées.

Leur imagination est assez originale. *Leurs goûts artistiques* sont *toujours influencés par le côté matériel et sensuel de leur tempérament.* Ils ont *l'ironie facile.*

D'un naturel *doux, sensible* et *impressionnable à l'excès ; sensuels et portés sur le beau sexe* auquel ils plaisent beaucoup. Ils sont bons et serviables ; de manières aimables et aisées, mais *susceptibles et coléreux*, avec mouvements de violence. Extérieur peu communicatif, *un peu en dessous*, et de sens moral assez large.

Ils aiment l'argent, mais le dépensent facilement.

Ils ont *confiance en eux-mêmes et de l'aplomb, et même de la suffisance.*

Leur *volonté est active, entreprenante*, et bien que peu autoritaires, ils savent diriger leurs affaires, car ils sont *habiles, positifs*, dans quelque situation qu'ils se trouvent.

Nom sérieux et fort, bien que pas parfait.

Physique : *Bruns en majorité.*

Ecriture : *Arrondie, tordue, rapide, tantôt traits durs ou fuyants.*

Noms connus: Camille Desmoulins. Cavour. Roqueplan. Flammarion. Lemonnier. Saint-Saëns. Chevillard. Mauclair (même figure que Saint-Saëns). Pelletan. Debans.

CAMILLE (Femme)

Nom très original pour une femme, il donne l'*imagination excessive, un peu vague et imprécise*, des idées bizarres, du goût pour les choses intellectuelles et nouvelles, et une *certaine inconséquence dans le caractère.*

Les Camille ont une nature *sensible, aimante, très nerveuse et irrégulière*. Elles sont encore plus sentimentales que sensuelles. Ce sont de *bonnes personnes, capables de dévouement.*

Elles sont enclines à la mélancolie et à la nonchalance. Elles sont *très indépendantes de caractère*, mais sous leur volonté apparemment forte, elles sont très *influençables* si on sait les prendre par les sentiments.

Ce caractère a de l'analogie avec celui de Blanche, mais il y a plus de mouvement et plus d'imagination.

Physique : Brunes en majorité ; figure originale, large.

Ecriture : *large et arrondie*, tendant à la verticale, irrégulière.

CASIMIR

J'ai peu de détails sur le caractère des Casimir, nom rarement donné.

Ce sont des hommes *d'intelligence positive, prudente et bien équilibrée, portés à l'ironie*.

Leur volonté est *tenace, obstinée*, mais peu entreprenante. Natures plutôt placides.

Nom sérieux, doué de bons sentiments et de justice.

SAINT CASIMIR : homme pénétrant et savant.

Noms connus : Casimir Delavigne. Casimir Périer, ministre de Louis-Philippe.

CATHERINE

Les Catherine sont des femmes *d'intelligence* et *de volonté ; jamais nulles* dans toutes classes et toutes situations.

Actives, remuantes, travailleuses.

Très peu timides. *Tempérament passionné.*

Sincères et bonnes. Sans détours et sans façons.

Malgré leur positivisme, elles ont des tendances à l'idéalisme mystique et aux rêves.

SAINTE CATHERINE. Courage, supériorité.

Noms connus : Catherine de Médicis. Catherine de Russie. Catherine de Sienne, qui fit revenir les Papes d'Avignon à Rome. Catherine Booth, générale de l'armée du Salut. Anne-Catherine Emmerich, mystique et visionnaire. Catherine Labouré, mystique et visionnaire. Madame Sans-Gêne.

CÉCILE

Les Cécile ont un *caractère bien défini ; il y a quelque chose de fin, de distingué, d'harmonique dans ce nom*, mais aussi quelque chose de pur et de froid.

Les Cécile sont intelligentes ; leur *imagination pondérée* ne se laisse pas entraîner aux enthousiasmes lyriques ; elles sont *équilibrées*, mais ne manquent pas d'esprit, car, bien que réservées, elles sont loin d'être timides.

De *nature calme et douce*, elles sont *aimantes, constantes dans leurs affections*, mais sans grande expansivité. Dévouées par nature, *femmes de devoir plutôt que de passion* ou de caprice.

Elles restent souvent chastes.

Simples, sans orgueil, mais *dignes et fières*, de manières gracieuses ; *sans timidité comme sans aplomb ni sans-gêne.*

Elles sont *femmes de tête, prudentes*, et savent diriger leur barque.

Ensemble du nom sympathique.

SAINTE CÉCILE. Vierge musicienne.

Noms connus : Cécile Simonnet. Cécile Ritter-Ciampi.

Remarque : Les personnages de roman concordent avec ce que nous disons plus haut.

CÉLESTIN

Nom populaire, gai, actif, ordonné et assez fier de sa propre personne.

CÉLESTE-CÉLESTINE

Nom de femme, est assez rare, mais ne me paraît pas mauvais.

CÉSAR

Même réflexion que pour le nom d'Achille, de Marius, d'Hercule, et autres. Admiration pour le grand César, en paroles plutôt qu'en actes.

Ce nom indique cependant une *certaine droiture* et beaucoup d'*importance de soi-même*.

Noms connus : César Borgia. César Franck.

CHARLES

Le nom de Charles est un des noms qui caractérisent le mieux le Français.

Les Charles ont l'*intelligence souple et rapide, l'imagination forte et assez profonde, le cerveau équilibré.* Leurs idées sont plutôt portées vers les choses belles et fines, sans s'égarer dans les rêves, car leur tempérament vivant et sanguin les retient dans le positif. Ils ont la mémoire heureuse, les idées nettes, ils causent bien. Ils ont *du bon sens, l'esprit vif, moqueur,* parfois caustique ; ils sont assez sceptiques, mais sans parti pris.

Leur naturel est doux, leurs *manières rondes* et aimables ; ils ont de l'*entrain et de la gaieté ;* mais ils sont *vifs, susceptibles, souvent coléreux,* avec *mouvements d'emportement.*

Leur *amour-propre est chatouilleux,* ils sont contents d'eux-mêmes, mais ils n'ont ni morgue ni prétention exagérée ; ils ont du *courage,* de la promptitude, de l'*aplomb* et de la bravoure, ils ne se laissent pas marcher sur le pied sans être batailleurs.

D'un *tempérament sensible, impressionnable, affectueux et sensuel, c'est pourtant le cœur qui domine chez eux.* Ils sont *serviables* et dévoués.

Ils regardent habituellement peu à la dépense.

Très francs et très fins tout à la fois, ils sont parfois soupçonneux ; ils savent se tirer d'affaires.

Leur *volonté est active, entreprenante*, sans être téméraire, parce qu'ils sont très *prudents*. Peu autoritaires ni absolus, mais *parfois nets et cassants*.

Ils ont beaucoup de *sens pratique, et de la suite dans les idées*. Ils sont travailleurs et *consciencieux*.

Ensemble sympathique. *Un bon nom* et sérieux.

Analogie : Avec les Emile, mais moins changeants, moins personnels et moins souples.

Physique : *Têtes rondes. Mains chaudes. Tempérament sanguin*. Rarement de haute taille, *plutôt moyenne*, et *presque toujours corpulents* et bien en chair.

Ecriture : Arrondie, rapide, grasse, à grands mouvements, pointes nombreuses.

Noms connus : Coypel. Van-loo. Coysevox. Lemercier. Natoire. Dickens. Weber. Abbatucci. Linné. Saint-Evremond. Darwin. Garnier. Léandre. Gounod. Malherbe. Nuitter. Douaillier. Cottet. Monginot. Castellani. Landelle. Waltner. Lecocq. Le Goffic. Dr Fauvel et Berlureaux. Dr Abadie. Mourier. Blanc. Dupuy. L'ex-Père Hyacinthe Loyson.

Saint Charles, homme discipliné.

Historique : Type des Rois de France. Balzac fait la remarque que tous ceux qui ont porté ce nom, excepté Charlemagne, ont eu une fin malheureuse.

CHARLOTTE

Ce nom ne correspond pas absolument à Charles.

Les Charlotte ont le *caractère vif et emporté* sous une apparence douce et avenante.

Nature *affectueuse, sensuelle*. La franchise laisse un peu à désirer, ainsi que le sens moral.

Volonté forte et tenace.

Nom connu : Charlotte-Marie Corday.

CHRISTINE

Un très beau nom à donner à une petite fille, il est *doux*, *distingué*, et *peu commun*. Il a d'ailleurs une belle étymologie.

Les Christine ont l'*intelligence pondérée*.

Elles sont *douces, charmantes, gracieuses* et *conciliantes*. *Affectueuses, sensibles* et *très réservées*. Elles sont *bonnes, dévouées, constantes dans leurs affections*.

Beaucoup de dignité, d'amour du devoir, et peut-être un peu susceptibles.

Elles sont *franches, sincères et confiantes*.

Douées d'une *volonté moyenne*, ayant peur de se mettre en avant par *simplicité*, elles arrivent cependant à diriger leur barque par leur *persévérance*, leur *esprit d'ordre et d'économie*, leur *calme*, leur *bon sens*, et leur *fermeté* qui s'exerce toujours sans violence.

En résumé, femmes de cœur et de devoir.

Physique : Visage gracieux.

Sainte Christine. Constance et fermeté.

Noms connus : Daguerre. Nilson. Christine de Belgiojoso. Christine de Suède. Marie-Christine d'Espagne.

CLAIRE

Un des plus beaux noms.

Les Claire ont l'*intelligence ouverte*, l'*imagination mouvementée*, une *grande lucidité de jugement* ; elles sont curieuses, *idéalistes*, rêveuses. Elles *aiment à causer* ; elles ont de l'intuition ; elles sont perspicaces, et *moqueuses*.

D'un *caractère très indépendant*, vif et emporté, cela leur nuit beaucoup ; elles ne sont pas toujours appréciées comme elles le méritent.

Parfois inconséquentes.

Elles disent les choses comme elles viennent, *franches, spontanées*, mais en même temps *fines et insinuantes*.

Extrêmement sensibles, mobiles d'impressions, et *nerveuses*, *aimant le mouvement*, l'entrain, la *gaieté*, avec des accès de tristesse et des larmes faciles.

Elles sont *affectueuses, aimantes, délicates de sentiment ; serviables et dévouées.*

Orgueilleuses et présomptueuses ; aptes au commandement et à la direction ; actives et travailleuses : leur volonté subit des hauts et des bas, mais elles réussissent, car, malgré leur imagination, elles ont de la suite dans les idées.

Très *décidées, s'emballant facilement*, pas toujours assez prudentes ni méfiantes.

Elles ont la *dépense facile..*

En résumé, *femmes de cœur et femmes de tête*, fond sérieux.

Physique : *Blondes en général ;* yeux vifs et clairs ; figure large, *teint frais.*

Écriture : *Écriture arrondie, inclinée, rapide, mouvementée, fine*, barres de *t* rapides et inégales.

Analogie : Aurore se rapproche du nom de Claire. Les deux noms sont lumineux. Toutes les deux ont de l'esprit, le jugement droit et pénétrant, le goût des plaisirs intellectuels ; aucune n'est dissimulée ; les deux aiment le mouvement, mais les Aurore sont plus calmes.

Sainte Claire. Pieuse et ferme.

CLARA

L'*a* final donne au nom de Claire moins de sérieux, moins de finesse et de distinction, avec quelque chose de bizarre, *d'extravagant ou d'inconséquent.*

Noms connus : Clara Ward, princesse de Chimay.

CLAUDE

Nom qui tend à se perdre, il est cependant très bon.
Les Claude sont des *hommes de fond plus que d'appa-*

rence ; ils ont le *cerveau large*, l'imagination rêveuse et originale ; des *aptitudes pour les sciences*, et presque la double vue.

Au moral ce sont des êtres *doux et calmes*, et ils sont doués *de bons sentiments*.

Volonté indépendante.

S. Saint Claude, oracle.

Noms connus : Claude Gellée, *dit* Le Lorrain. Forbin. Claude Périer (père du grand Casimir Périer) et Claude Périer, le fils du feu président. Claude Bernard. Claude Chappe. Claude Monet. Louis-Claude Berthollet. Claude Carnot, père de Lazare Carnot, qui avait l'écriture bizarre. Maître Claude, un des plus grands peintres verriers.

Roman : Claude Frollo. Claude Gueux.

CLÉMENCE

Nom qui *sort de la banalité* à divers points de vue bons et mauvais.

Intelligence aux idées spéciales et arrêtées, *ouverte aux choses de l'esprit. Imagination forte*, songeuse et distraite. Les Clémence sont *idéalistes et positives tout à la fois.*

Leur caractère est *susceptible*, pas toujours agréable ; elles sont *nerveuses, sensitives, sensuelles* et mystiques, et de *sens moral très large.*

Elles sont *personnelles*, n'aiment ni la gêne ni les soucis ; leur égoïsme s'allie très bien avec un *cœur compatissant. Indépendantes.*

Coquettes et cherchant beaucoup à plaire sous des dehors simples. Toutes de caprice, aimant les distractions, aussi bien intellectuelles que corporelles. Dépensant sans compter, bien qu'au fond aimant l'argent.

Leur volonté est faible, leur énergie de même ; elles sont naturellement *indolentes* et évitant la fatigue. Elles sont *obstinées.*

Elles plaisent généralement beaucoup. C'est un type curieux de femme.

Physique : *Peau mate. Traits arrondis.*

Historique : Clémence Isaure, fondatrice des Jeux floraux.

CLÉMENT

Les Clément sont intelligents, mais d'imagination lente et rêveuse, et de volonté moyenne.

Ils sont gais et fantaisistes, et de tempérament calme. En général de bons sentiments.

Nom connu : Clément Thomas.

CLÉMENTINE

Nom qui peut tenir de Clémence ; aussi vives et capricieuses, aussi nerveuses et impressionnables.

Bonnes personnes, mais obstinées.

CLOTILDE

Nom très peu répandu. Je regrette vraiment de ne pas avoir pu juger suffisamment son caractère ; ce n'est pas un nom banal : il donne *de bonnes qualités,* de la distinction et de la pondération.

Sainte Clotilde était surtout renommée par sa sagesse et sa volonté.

COLETTE

Nom léger qui donne de la grâce, de l'esprit, une volonté influençable et capricieuse.

CONSTANCE

Le nom de Constance dénote de *l'énergie et de la volonté.
Un caractère plein de lui-même ;* de la coquetterie et le désir de plaire ; attachements profonds.

Historique : Constance de Savoie.

CONSTANT

Nom sérieux : suite dans les idées et fermeté ; caractère égal et *plein de lui-même ;* absence de timidité.

Noms connus : Troyon et Mayer, peintres. Coquelin aîné.

DELPHINE

Joli nom qui donne une imagination originale, une très grande sensibilité, une volonté faible mais égale et assez positive, et de l'affectuosité.

Noms connus : Gay. Fix.

DENIS

Nom plutôt bon.

Noms connus : Denis Papin. Cochin. Puech.

DENISE

Joli nom qui donne un esprit éveillé et un assez bon caractère.

DÉSIRÉE

Nom que je connais peu, mais qui donne des qualités positives, beaucoup d'amour-propre et désir de plaire.

EDMOND

Un des caractères les plus nets par certains points communs à tous les Edmond qui sont tous *indépendants de ca-*

ractère, coléreux, moqueurs, de philosophie facile, esthètes et
pas toujours scrupuleux.

Les Edmond sont d'intelligence facile, d'imagination
fantaisiste et capricieuse, *sans grande profondeur ; capables de raisonner sur tout*, aptes aux choses philosophiques,
sans but ni idéal. *Esthètes* dans les lettres ou dans les arts,
ayant *plus de grâce que de force*. Moqueurs, ironiques et
caustiques, n'ayant pas assez d'énergie pour défendre
leurs *convictions plutôt souples.*

Naturel doux, de *manières aisées*, gracieuses, plaisant
par leur physique ; ils ont l'amour-propre chatouilleux :
ils sont *susceptibles, coléreux*, ce qui les fait prendre parfois pour des batailleurs. Erreur ! ils conservent leur
calme, ils sont *pondérés, imperturbables ;* s'ils ont la fièvre,
elle se passe en dedans.

Sensuels et froids tout à la fois, leur sensibilité se trouve
surtout dans la tête. Plaisent aux femmes.

Orgueilleux, expansifs par accès, souvent dédaigneux
ou plutôt *indifférents et sans convictions arrêtées ;* sceptiques, paraissant s'intéresser à tout ; *causeurs agréables*,
gardant leurs petits secrets, leur *franchise s'accommodant
aux circonstances*, donc pas toujours scrupuleux ; *concentrativité très forte.*

Egoïstes, ou du moins ne se dévouant que pour ce qu'ils
en retirent. Aimant l'argent, travaillant avec ténacité
parce qu'ils *veulent jouir de la vie ;* au fond ils ont la
volonté faible, *obéissant à leur caprice*, inconstants, ennemis de la gêne, et assez sans-soucis ; nonchalants, aimant
la vie tranquille sans grands efforts. Ils peuvent être inconséquents et à coups de tête.

Ce sont des doux et des faibles sous une apparence de
forts ; et qui les juge sur leur physique trop superficiellement risque de beaucoup se tromper.

Physique : Grands et bruns ; figure un peu longue, *nez
busqué, lèvres grosses*, bouche petite et susurrante.

Ecriture : *Petite, jolie, arrondie, peu inclinée, semée de petites pointes ou d'aiguilles ;* barres de *t* fines et courtes ; *lignes bien espacées.*

Saint Edmond. Doux, affable, obéissant, complaisant.

Noms connus : Rostand. Haraucourt. Audran. Monson. Picard. Lebœuf. Texier.

EDMÉE

Ce nom a quelque chose de doux, de joli, de léger. Les Edmée sont *aimantes, douces, délicates et sensibles ;* elles sont *coquettes,* sans prétention, cherchent à plaire et *plaisent beaucoup.*

Elles ont l'*imagination capricieuse,* et n'approfondissent pas les choses.

Energie faible.

EDGARD

Nom déplaisant et prétentieux.

Les Edgard sont *actifs et combatifs ; positifs* et en même temps obéissant à leurs caprices.

Ils sont de *convictions faibles,* et leurs *scrupules* sont *vagues.*

Beaucoup d'imagination. Cerveaux bizarres.

Amour-propre susceptible, *aplomb.*

ÉDOUARD

Nom très intéressant.

Les Edouard sont *intelligents ;* ils ont les *idées profondes et originales ;* ils ont des convictions et savent les défendre avec force, mais la chance ne favorise pas toujours leurs efforts. Assez *observateurs, critiques,* ils ont l'*ironie facile.*

De nature impressionnable, *sensuelle et passionnée*, ils s'attachent difficilement et sont un peu tyrans avec les femmes.

Indépendants de caractère, ayant *l'orgueil de leur valeur* plutôt que de leur physique, de manières un peu frustes, ayant de *l'aplomb*, du *courage* et du *sans-gêne*, et *pas toujours commodes à vivre*. Gaieté et moments sombres. Soupçonneux, doués de grande *concentrativité*, avec accès de rude franchise.

De *volonté forte et opiniâtre*, parfois secs et cassants, ils ont de la suite dans les idées, du sens pratique, et ne craignent pas le travail.

Ils sont *positifs*, et s'ils dépensent, c'est pour eux-mêmes et non pour les autres ; leur complaisance est souvent subordonnée à leurs intérêts.

Le nom d'Edouard est un *nom solide* et supérieur, mais cependant il ne faudrait pas faire fond absolu sur lui.

Saint Edouard, sagesse et charité.

Historique : C'est un nom anglais par excellence.

Noms connus : Jenner, inventeur de la vaccine. Drumont. Debat-Ponsan. Sain. Colonne. Pailleron. Reszké. Mangin. Lalo. Manet. Branly. Bureau. Toudouze. Dr Brissot. Edouard VII.

ÉLÉONORE

Nom gracieux, distingué, qui donne de bons sentiments.

ÉLIE

Caractère qui sort de la banalité.

Il donne moins d'imagination que le nom d'Elysée.

Noms connus : Duc Decazes. Elie de Beaumont. Dr Metchnikoff.

ÉLYSÉE

Nom curieux et peu commun. Il donne des idées fixes et élevées. Beaucoup de calme ; esprit d'observation.

Il se rapproche du nom d'Elie, peu matériel ni sensuel.

Écriture : Légère et calme.

Noms connus : Elysée Reclus. Elysée de Vignois (sciences occultes).

ÉLISABETH

Nom doux et charmant, *un des plus caractéristiques de l'onomatologie*, comme je l'ai dit dans la première partie de ce livre. Les Elisabeth connues ayant le même *visage doux et mélancolique*, les mêmes yeux expressifs, le même fond de caractère.

Elles sont intelligentes, leur *imagination est rêveuse et songeuse*, avec un fond de mélancolie.

Elles sont *douces, sensibles et délicates ; aimantes et plus sentimentales que sensuelles. Simples et gracieuses*, mais conservant une tenue digne et fière.

Franches, sincères, mais discrètes.

Leur *volonté est égale, tranquille mais ferme*. Elles ne sont pas toujours heureuses.

Physique : Visage *doux et mélancolique, expressif ; beaux yeux, figure allongée*, traits arrondis, *nez aquilin* ou droit.

Sainte Elisabeth, douceur et bonnes qualités.

Noms connus : Madame Elisabeth, sœur de Louis XVI, modèle de douceur, de grâce et de modestie. Elisabeth d'Autriche et son aïeule l'Impératrice Elisabeth. Elisabeth, reine de Roumanie. Elisabeth de Belgique. Miss Barrett.

ÉLISA

Ce nom est loin de valoir celui d'Elisabeth dont il est tiré. Il est moins distingué, et le sens moral est plus large, peut-être à cause de la terminaison en *a*.

Nom connu : La princesse Elisa Bonaparte.

ÉMILE

Un des noms les *plus étonnants et les plus caractéristiques de l'Onomatologie. Tous les Emile se ressemblent, à quelque classe qu'ils appartiennent,* par leur *mobilité extraordinaire,* leurs défauts et leurs qualités. Ils tiennent une place considérable dans le pays par leurs *aptitudes variées,* mais souvent aussi par leur influence néfaste dans le domaine moral.

Les Emile ont tous l'*intelligence vive,* l'*imagination féconde,* les *aptitudes variées qui les font se débrouiller et sortir d'embarras partout.* Leur mémoire est heureuse, ils *s'assimilent facilement* les choses, *raisonnent et causent sur tout ; causeurs abondants,* ne parlant *qu'à la première personne, je, je, je, vantards, gais, exubérants, bout-en-train d'une société ; blagueurs, faiseurs de bons mots et calembours.* Tous ont ce travers du jeu de mot, depuis ce cafetier de la rue d'Amsterdam qui met sur sa devanture E 1.000 Pihan, jusqu'aux académiciens et autres personnalités marquantes, Faguet, Bergerat, etc. Têtes originales, curieux de choses nouvelles, *toujours prêts à s'emballer,* à laisser croire qu'ils ont des convictions fortes, mais sceptiques par forfanterie, moqueurs, *caustiques, esprits forts en même temps que très crédules.*

De nature impressionnable et primesautière, de tempérament sanguin, vifs, emballés, susceptibles, admettant difficilement la contradiction, coléreux, souvent violents, mais aussi sachant se contenir dès que leur intérêt le commande ; on ne sait pas toujours comment les prendre, et cependant ils sont en apparence *bons garçons, aimables, avenants et flatteurs.*

Jaloux de toute supériorité, d'un *amour-propre chatouil-leux, plus vaniteux que fiers, leur fatuité est naïve ;* ils aiment à être complimentés et l'avouent très bien ; bons hommes et simples dans l'intimité, *facilement familiers* à vous taper sur le ventre ; *ennemis de toute gêne, de toute contrainte morale et physique,* ne se laissant jamais marcher sur le pied, d'un grand courage physique, *facilement agressifs et batailleurs,* en un mot *très indépendants* de caractère.

Disons en passant qu'ils ont des qualités de *bonne cama-raderie,* qu'ils sont *fidèles à leurs amis, toujours prêts à rendre service,* mais exigeant la réciproque, *avec eux don-nant donnant, et se souvenant longtemps des injures* dont ils cherchent à se venger.

Ils sont de *nature affectueuse et sensuelle, portés sur le beau sexe, volages et non d'une délicatesse extrême* avec les femmes ; souvent dupés malgré leur rouerie, ayant des accès de timidité enfantine et de sang-gêne *gaffeur,* mais s'en relevant toujours parce qu'ils n'y attachent qu'une attention médiocre, *et ne sont pas fiers.*

Ce sont de *bons vivants, de tempérament solide, de grande force musculaire, supportant les excès de toute sorte et s'en faisant gloire.* (Tous les Emile que je connais absorbent quantité de liquide sans être incommodés.)

Franchise en paroles, les Emile sont *souples et rusés, naïfs et roués tout à la fois,* prometteurs sincères sur le moment ; ne reculant pas devant *l'intrigue et la flatterie ; peu scrupuleux.*

D'une *activité cérébrale et physique prodigieuse ; re-muants, combatifs, mobiles d'impressions,* leur volonté est variable comme leurs idées, ils ont besoin de mouvement.

Adroits de leurs mains, rien ne les embarrasse, ils se tirent toujours d'affaire : *Jean fait tout.*

Ambitieux, *décidés, ayant le sens des réalités*, de la réclame, ils marchent avec autant de force que d'obstination dans un camp comme dans un autre, ne négligeant aucun moyen de parvenir. Ils arrivent, car ils sont *habituellement chançards*, et ce qu'il y a de bon chez eux, c'est qu'ils *pensent toujours à eux-mêmes* en agissant, ne se sacrifiant jamais pour les autres.

Prompts dans l'action, *se mettant toujours en avant*, soit le front haut, soit en s'insinuant ; leur bonne mine, leur aplomb, leur confiance absolue en eux-mêmes leur donnant le *ton du commandement*, ils illusionnent sur leur autoritarisme et leurs convictions plutôt mobiles. Ils savent s'adapter admirablement aux circonstances, et ce nom d'Emile serait le plus pratique de tous si les Emile ne s'occupaient de trop de choses.

Dans le domaine des arts, de la littérature ou de la science, les Emile ne sont jamais des originaux, ils s'assimilent avec une facilité extraordinaire les idées des autres, ils les combinent, leur cerveau travaille continuellement ; ce sont alors des *lanceurs d'idées, d'admirables vulgarisateurs*, car ils ont besoin de mouvement. Aussi les voit-on très souvent secrétaires et factotums dans une quantité de sociétés ; ils ont *besoin de se montrer*, d'avoir de l'influence, de causer, de *recevoir des hommages*, et ils citent leurs relations à toute occasion.

Ensemble curieux, typique, que l'on ne peut vraiment confondre avec d'autres caractères, bien que chacune de ses qualités et de ses défauts se retrouvent séparément dans d'autres noms.

Type d'universel, sympathique mais *quelque peu cynique ;* il a son utilité dans une société, mais son *rôle est néfaste lorsqu'il arrive à dominer*, comme depuis une cinquantaine d'années, car l'Emile n'a pas de véritable noblesse de sentiments et d'idées, il recherche trop la satisfaction de sa vanité ou son intérêt, et *il n'assigne jamais un but moral élevé à son activité.*

Ainsi :

Emile Ollivier, l'homme fatal à la France.

Emile Zola, écrivain de talent supérieur, mais qui déshonora la littérature, car il n'assigna aucun but moralisateur à ses écrits.

Emile Loubet, Emile Combes, trop près de nous pour être jugés sainement.

Emile de Girardin, célèbre publiciste, « homme net et cassant, parfois dur et hautain, au fond sentimental, presque timide ; théoricien dans l'âme, ayant le sens de l'organisation, producteur d'idées, pratique, ayant le sens des réalités, et d'une logique inexorable. Il exerça sur son époque une grande *influence*, mais *néfaste* et désastreuse. » Tel est le jugement de l'histoire ; l'explication de ce caractère se trouve dans l'*Onomatologie*, et ce petit portrait peut s'appliquer à tous les Emile.

Emile Bergerat. Faisons-lui un peu de réclame, il en sera enchanté : « Verbe tour à tour gouailleur, paradoxal, burlesque ou profondément sage et sérieux, primesautier, fantaisiste inépuisable, aime à varier les pseudonymes (chose habituelle chez les Emile hommes de lettres), ayant un grand besoin de combativité, toujours prêt à entrer en lice ; aime les compliments et s'en vante. »

Emile Guimet, industriel, savant, littérateur, compositeur de musique, conférencier, etc.

Noms connus : Emile Littré. De la Bédollière. Levasseur. Faguet. Pessard. Adam. Renouf. Isola. Flourens. Demagny. Pouvillon. Renié, Boutigny. Rochard. Blémont. Gautier. Boisseau. Bourdelle. Deschanel père. Soldi Colbert. André. Deschamps. Chevé. Emilio Castelar. Marco de Saint-Hilaire.

Physique : Les *Emile se ressemblent beaucoup au physique ;* qu'ils soient barbus, ou qu'ils aient une forte moustache, ils ont la *tête ronde,* le *visage coloré ;* ce sont généralement des *hommes bien en chair, corpulents comme les Charles, mais d'allure plus vive. Tempérament sanguin,* ou sanguin nerveux, le *visage* est *toujours animé.*

Ecriture : Ceux qui ne voudraient pas croire à l'onomatologie n'auraient qu'à jeter un coup d'œil sur une collection d'*écritures* d'Emile, ils seraient frappés par les traits de ressemblance, et les points saillants communs à tous les Emile : *Graphisme arrondi, rapide, mouvementé, irrégulier, avec aiguilles et pointes, mots grossissants et mots en pointes filiformes partagés, barres des t vives et pointues,* majuscules liantes et *finales recourbées.*

ÉMILIE

Les Emilie tiennent un peu du caractère des Emile.

Elles sont *très sensibles et très impressionnables, vives et nerveuses,* souvent d'un *caractère susceptible* et peu agréable. Elles *savent être gracieuses, car elles ont un grand désir de plaire.* Caractère indépendant. Elles ont quelque chose de pétulant dans la physionomie.

Tempérament affectueux et passionné.

Idées fines, imagination vive et ardente.

ÉMILIEN

Nom qui a de l'*analogie avec Emile,* mais il est moins mobile de caractère et de sentiments. Il offre plus de garanties, sans cependant avoir énormément de volonté.

ÉMILIENNE

Nom qui *dérive d'Emilie,* mais avec des idées moins fines. Cependant il est distingué, intelligent, souple et coquet.

EMMA

Type de nom très curieux.

Les Emma sont intelligentes et spirituelles.

Elles sont sensibles, affectueuses, *sensuelles et passionnées ;* elles ont *beaucoup de cœur,* et sont constantes dans leurs affections.

De l'entrain, de la gaieté, avec des moments sombres ; coquettes et cherchant à plaire.

Volonté persévérante et calme.

Physique : *Brunes* en général.

Noms connus : Emma Calvé. Kerhor. L'Albani. Thérésa.

EMMANUEL

Type de nom qu'il n'a pas été facile de déterminer, parce qu'il est donné rarement, et parce qu'il n'a pas beaucoup de relief.

La physionomie des Emmanuel a quelque chose d'effacé ; ils sont *intelligents,* leur *imagination est rêveuse, un peu vague,* sans que les idées soient très élevées.

Ils sont à la fois peu communicatifs et expansifs. Ils ont les *manières souples,* aisées, le fond *de leur caractère est très doux, ils n'aiment pas les efforts violents ;* leur *volonté* moyenne et *influençable* est cependant assez tenace. Très peu d'énergie et de courage.

Tempérament assez sensuel, nature affectueuse. Plutôt simples et sans prétention.

Noms connus : Kant. Swedenborg. Général Grouchy. E. de Las Cases. Emmanuel Arago. Des Essarts. Frémiet.

Ecriture : Arrondie, grasse, un peu molle.

ERNEST

Nom des *mieux connus, des plus nets et des plus sympathiques.*

Les Ernest ont l'*intelligence vive et spirituelle,* mais pas assez profonde. Plus libéraux que sectaires, ils ont cependant des convictions qu'ils défendent avec autant de force que d'ardeur. Ils s'emballent assez facilement ; ils *causent bien,* blaguent même quelque peu, moqueurs, railleurs, mais peu méchants. Ils sont *gais, pleins d'entrain* et *de vivacité, et primesautiers ;* ils ont les *manières aimables,* polies ; ils *sont liants et sympathiques.*

De *nature affectueuse et sensuelle, ils sont portés sur le beau sexe,* et assez volages. *Bons garçons,* bons maris, faciles à diriger par les sentiments et la douceur, bien qu'ils affectent beaucoup d'indépendance de caractère.

Apparence calme, fond coléreux et même violent. Amour-propre, assez contents d'eux-mêmes, mais sans aucune prétention ni sotte vanité.

Franchise et finesse réunies, *loyauté habituelle.*

Très actifs, ayant de la suite dans les idées, le *travail consciencieux,* de l'*ordre et de la prudence,* et du *sens pratique ;* malheureusement leur énergie n'est pas assez tenace, de sorte qu'ils occupent toujours des positions moyennes.

Ensemble du nom agréable et sympathique, caractère sérieux, idées assez fines, qualités aimables. *Un bon nom, tout en dehors.*

Écriture : Arrondie, vive, mouvementée, inclinée et grasse, mais sans grand relief.

Noms connus : Hello. Renan. Meissonier. Reyer. Daudet. Merson. D'Hervilly. Boulanger. Coutant. Amiral Fournier. Coquelin Cadet. Vallé. Constant. Feydeau.

Physique : Tempérament à *prédominance sanguine.*

ERNESTINE

Nom assez répandu dans certaines régions, mais jamais donné dans les hautes classes.

Bonnes personnes, simples et sans façons, avisées, positives et sachant se tirer d'affaires.

Ce nom dérive d'Ernest.

ÉTIENNE

Ce nom indique une personnalité qui sort de la moyenne ; loin d'être parfait ou nul, ce nom n'est pas à conseiller, car il *manque* peut-être *un peu de solidité morale*.

Intelligence active, idées originales et sortant de la routine.

Caractère indépendant mais souple et sachant conserver ses idées de derrière la tête.

Apparence sympathique, manières aimables.

Volonté active et remuante.

Physique : Plutôt bruns.

Saint Etienne. Etudes solides, missionnaire actif.

Noms connus : Esteban Murillo. Condillac. Montgolfier. Arago. Berne-Bellecour. Vacherot. Dujardin-Beaumetz. Geoffroy Saint-Hilaire.

Histoire : Etienne Marcel. Etienne Dolet.

EUGÈNE

Un des noms les plus répandus de France et des plus difficiles à définir, car il est presque nom national. Il est donné surtout dans la bourgeoisie et le peuple, rarement dans la haute classe. Certes, si l'on se fiait toujours à l'étymologie, ce serait un nom excellent.

En général, les Eugène sont d'*intelligence très assimila-trice, portée vers le côté matériel et positif des choses.* Dans le domaine des arts ou de la littérature, ils sont *très féconds, mais rarement originaux* ; ils cherchent souvent des effets pour compenser l'imagination et l'idéalisme qui leur manquent. Ils ont de l'acquit, du travail patient, ce sont alors des érudits et praticiens.

Promenez-vous dans les quartiers commerçants ou industriels, vous verrez les Eugène nombreux sur les enseignes, et très peu de Pierre.

Ils aiment à être bien mis, ils veulent plaire au beau sexe. Ils sont de *tempérament sensuel ; ils ont juste assez d'esprit et d'aplomb pour être passe-partout,* à la fois simples et vaniteux.

Sans grande valeur, ils arrivent à ce qu'ils veulent ; ils *font ce qu'ils peuvent et ce qu'il faut pour réussir ;* ils sont piocheurs, actifs, *surtout très pratiques ; prudents, défiants, et rarement autoritaires.* Leur jugement est du *bon sens.*

L'Eugène est le *type* du petit *bourgeois, fait pour la vie d'intérieur et le positif.* Je dirais Eugène Prudhomme au lieu de Joseph Prudhomme, si le nom de Joseph n'était également bien trouvé pour la vie de famille, mais en moins heureux.

SAINT EUGÈNE. Prudence, érudition.

Noms connus : Grasset. Turpin. Carrière. Lintilhac. Guérin. Brieux. Mercier. Dr Doyen. Le prince Eugène. Delacroix. Suë. Scribe. Fromentin. Rouher.

EUGÉNIE

Nom très répandu dans toutes les classes de la société, surtout les moyennes.

Type français d'intelligence moyenne, sans originalité.

Les Eugénie sont de *nature douce et molle,* sensibles,

affectueuses, *sentimentales*, s'émotionnant facilement, *mais surtout sensuelles. Peu pudibondes* et de *sens moral assez vague.* Enclines au mensonge, tout en étant très crédules.

Bonnes personnes, rendant service quand elles le peuvent, bien que très économes et tenant à l'argent ; le cœur chez elle a autant de place que les sens.

Elles sont de volonté inégale, mais *obstinées* dans leurs idées ; elles ont peu d'énergie, indolentes avec découragements fréquents, mais elles sont assez *pratiques et habiles. Enclines à la tristesse,* et gaies en apparence.

Femmes d'intérieur, ayant du *laisser-aller* dans l'intimité, il faut les secouer de temps en temps. Type de la bourgeoise ou de la femme du peuple, avec ses *qualités domestiques et ses préjugés.*

Physique : En majorité brunes ; figure large et plate, souvent le teint blanc ; bien faites de corps.

Historique : Impératrice Eugénie.

EUSTACHE

Nom trop rare, et très intéressant.

Il donne le calme et la pondération dans les idées, de bons sentiments, et une volonté ferme.

Saint Eustache. Placide.

Types : Eustache de Saint-Pierre. Eustache Lesueur.

FÉLICIE

Nom sur lequel je n'ai pas de données bien exactes, il est d'ailleurs assez rare.

Les Félicie ont les idées arrêtées, la volonté forte, une franchise douteuse.

Ce sont de bonnes personnes, elles ont du cœur, un tempérament sensuel, et des manières aimables.

FÉLICIEN

Nom qui dérive de Félix, mais le caractère est moins nettement déterminé. Il y a moins de caprice et d'importance de soi-même, et plus d'originalité.

Noms connus : Rops. Champsaur.

FÉLICITÉ

Nom qui dérive de Félicie, mais les idées sont plus fines et les sentiments meilleurs.

FÉLIX

Un nom qui semble porter en lui une certaine prédestination. C'est un *nom heureux*.

Les Félix sont d'intelligence très assimilatrice ; leurs vues ne sont pas très larges, ils causent et raisonnent bien, aiment à critiquer, mais ils ont de l'*obstination* dans les idées.

Leur port est assuré, leur maintien raide, mais leurs façons aimables ; ils sont *contents de leur physique,* ils cherchent à plaire ; ils ont l'*amour-propre très susceptible* et le caractère pas toujours agréable. Air heureux de vivre, mais facilement sombres.

D'un *tempérament sensuel et passionné,* ils sont coureurs et plaisent d'ailleurs beaucoup aux femmes.

Ils ont une certaine franchise, qui n'exclut pas l'*habileté* et même la *souplesse.*

Ils ont la volonté tenace, obstinée, beaucoup de *sens pratique,* de l'*initiative et de l'aplomb.* Ils réussissent bien dans le commerce et l'industrie, ou dans les arts et sciences comme bons praticiens.

Physique : *Beaux garçons, mine fleurie, air assuré,* tempérament à *prédominance sanguine.*

Ecriture : Rapide, mouvementée, pointes en avant.

Noms connus : Félix Faure. Barrias. Régamey. Ziem. Bouchor. Nadar. Bracquemond. Decori. Potin. Huguenet.

FERDINAND

Nom assez curieux.

Les Ferdinand, qu'il ne faut pas confondre avec les Fernand, ont l'*imagination forte, bizarre, originale ; l'esprit très moqueur* et satirique.

D'une *apparence* plutôt *concentrée*, peu communicative et prudente, ils deviennent assez facilement causeurs et blagueurs dans l'intimité ou en société. Leur gaieté vient par accès.

Franchise habituelle.

Tempérament sensuel.

Volonté tenace, persévérante et courageuse, mais peu autoritaire. Ils ne manquent pas de sens pratique, malgré leur cerveau un peu rêveur.

Ensemble bon.

Noms connus : le prince Ferdinand de Bulgarie. Ferdinand de Lesseps. Brunetière. Roybet. Fabre. Bac. Flocon.

Histoire : Ferdinand le Catholique. Les rois d'Espagne.

FERNAND

Nom donné plus fréquemment que celui de Ferdinand avec lequel il ne doit pas être confondu. C'est *un des mieux étudiés* et d'ailleurs *des plus significatifs*.

Les Fernand ont toujours l'*intelligence ouverte et facile* ; des aptitudes pour les sciences d'observation, des goûts fins et artistiques ; leur imagination ne voyage jamais beaucoup, et ils ne pénètrent jamais profondément les choses. Ils ont *peu ou pas de convictions* fortes, même quand ils en affichent. Ils sont *beaux causeurs*, paraissent se livrer complètement, mais en réalité ils *manquent de franchise et de bonne foi*, et n'opèrent pas ouvertement.

D'un *naturel doux, un peu nonchalant*, de *façons aimables et séduisantes*, ils sont affectueux, surtout *sensuels et volages*, et leur fatuité presque naïve charme le sexe faible. C'est un peu le type du séducteur, beau garçon, désigné souvent dans la vie ordinaire sous le nom de *Beau Fernand*, et que l'on rencontre beaucoup au théâtre et dans les romans comme *homme à succès*.

Ils *aiment la vie facile*; leur tempérament *peu énergique* et paresseux répugne aux efforts violents et à la bataille. Ils sont susceptibles, coléreux et vindicatifs, mais cela ne va pas jusqu'aux coups.

Ils sont très actifs cependant, *savent se plier aux circonstances*, jamais autoritaires, pratiques, *usant de tout ce qui passe à leur portée*, et *malgré leur peu d'énergie arrivent à faire leur trou*.

Ce nom est sympathique, mais il pèche par le courage moral ; je ne le conseille jamais.

Physique : *En général grands*, et *assez beaux garçons*, un peu comme les Georges, mais plaisant plus aux femmes. Ne vivent jamais âgés.

Écriture : *Très arrondie*, traits fins, mais qui paraissent souvent pâteux, parce que le *trait est mou ; pas de finale rentrante*. Les Fernand sont aimables, liants et sympathiques, et peu méchants.

Noms connus : Fernand Cortez.

Fernand Christiani, qui écrasa le chapeau du président Loubet, se montra piteux devant ses juges, s'excusant, manquant totalement de courage moral.

FIRMIN

Nom très peu donné. Il indique un *caractère entier et vibrant ;* une volonté forte et *tenace,* de la *franchise,* et de *bons sentiments.*

Noms connus : Firmin Gemier. Faure. Didot. Abauzit.

FRANCIS

Nom qui tient de François, mais moins fort.

Noms connus : Francis Charmes. Laur.

FRANÇOIS

Ce nom de François est assez commun, il donne la *force tranquille et pondérée,* quelle que soit l'intelligence de la personne.

Les François n'ont jamais l'*imagination* nuageuse, mais *positive et pondérée.* Les idées peuvent être assez fines, mais elles évoluent dans le domaine des choses de la vie. Beaucoup de *bon sens, de jugement ;* un certain don d'observation, et l'*esprit moqueur,* ironique et satirique.

Ils ont un naturel sensible, mais un *caractère susceptible* et pas toujours agréable. Amour-propre très chatouilleux, mais jamais prétentieux.

Tempérament plus sensuel que sentimental. Capables d'attachements profonds et de bonté.

Franchise habituelle, parfois un peu sans mesure ni tact. *Petites ruses et habileté* qui viennent de leur sens pratique.

Volonté forte, obstination dans les idées ; *travailleurs consciencieux et méfiants ;* ils manquent souvent d'initiative et d'audace parce qu'ils sont avant tout *réfléchis et lents à saisir.*

Ensemble bon ; nom solide au moral comme au cérébral. *Type bien français.*

Saint François. Plus de piété que de talent.

Noms connus : Fénelon. Saint François de Sales. Schlegel. Rabelais. Villon. Malherbe. Casanova. Boucher. Baron des Adrets Franz Hals. Pétrarque. Pizarre. Coppée. De Curel. De Nion. Fabié. François-Victor Hugo. Raspail. Rude. Arago. Guizot.

FRANÇOISE

Nom qui dérive de François, avec les mêmes qualités positives et bourgeoises.

Noms connus : Françoise d'Aubigné. De Rimini.

FRÉDÉRIC

Nom qui réunit à la fois *la force et le caprice, la douceur et la dureté.*

Ce qui domine dans le caractère des Frédéric, c'est la susceptibilité. Mais, bien que susceptibles et coléreux, ils sont calmes, et dans leurs emportements ils conservent la réflexion et le *souci de leurs intérêts,* car les Frédéric pensent d'abord à eux-mêmes. *Souples et cassants* selon les circonstances.

De *tempérament sanguin,* ils sont *très sensuels* et *portés sur le beau sexe.* Ils sont affectueux, ils ont des manières aimables, de l'amour-propre, *de l'orgueil et même de la fatuité.*

D'une *volonté tenace,* ayant de la suite dans les idées, ils sont *habiles, positifs, même rusés, travailleurs et énergiques ;* ils ont *confiance en eux-mêmes,* ils doivent réussir.

Historique : Frédéric le Grand, ami de la France, et Frédéric III, ami de la France par atavisme.

Noms connus : Hattat. Mistral. Febvre. Régamey. Masson. Mgr Fuzet.

GABRIEL

Le nom de Gabriel représente la *force, mais surtout physique* plus peut-être qu'intellectuelle, la force combative, sanguine et nerveuse.

Les Gabriel sont *industrieux*, habiles de leurs mains ; aptes aux travaux qui demandent de la *patience et de l'adresse* ; ils sont d'ailleurs en *général bien taillés*, et de forte carrure.

Hommes de sports, et de tous les sports, même de la pêche. *Travailleurs actifs et consciencieux.*

Ils ont du cœur, *de bons sentiments*, des manières aimables ; ils sont *serviables et complaisants.*

Leur *tempérament est sensuel* sans grossièreté, puissant mais inégal.

Amour-propre et susceptibilité.

Ils sont *francs*, assez convaincus et sincères, mais souples et rarement autoritaires.

Ensemble très bon.

Physique : Aspect solide.

Ecriture : Ferme, inégale, manquant de souplesse et de mièvrerie.

Noms connus : Gabriel Syveton. D'Annunzio. Bonvalot. Ferrier. Lippmann. Hanoteaux. Jehan Rictus (Gabriel dit).

GABRIELLE

Ce nom donne à celles qui le portent un caractère à la fois *capricieux et ferme ;* c'est un *nom gracieux, que je recommande beaucoup.*

Les Gabrielle sont intelligentes, elles ont l'imagination vive et curieuse, mais *pondérée ;* elles aiment l'étude et les choses intellectuelles. Elles sont causeuses, *très moqueuses et ironiques, spirituelles, mais aux idées très exclusives.*

Elles ont le naturel doux, les façons aimables, mais la tenue a quelque chose de fier, presque indifférente. Légèrement coquettes mais non prétentieuses, elles sont dominées par la grâce, le caprice et l'attrait des nouveautés. Leur apparence est sérieuse et *décidée, presque provocante ;* mais au fond ce sont des timides.

Plus *impressionnables et sensibles* qu'on ne le croit, elles sont *aimantes, sentimentales,* d'un sensualisme voluptueux de blondes ; elles aiment les attentions, elles sont *assez personnelles* et ne placent leur dévouement qu'à bon escient.

Elles ont de l'*énergie, mais la volonté faible ;* elles sont *travailleuses et courageuses* et *savent se tirer d'affaire avec habileté ;* mais leur énergie est très inégale ; si elles étaient persévérantes, elles arriveraient très haut, car elles sont intelligentes, actives et douées d'un *sens pratique des plus positifs.*

Elles ont un certain laisser-aller dans l'intimité.

Ensemble mobile et *très bon ;* elles peuvent faire d'excellentes femmes et charmantes, mais, malgré leur indépendance de caractère, elles aiment une main ferme qui les dirige. Type de femme très gracieux.

Physique : Belles femmes, blondes en général, figure large mais non carrée, beaux yeux expressifs et vifs, lèvres ironiques.

Ecriture : Mouvementée, rapide, arrondie, mais froide et légèrement masculine.

Noms connus : Gabrielle Krauss, cantatrice. Réjane.

Historique : Gabrielle d'Estrées, la belle Gabrielle.

GASTON

Un nom très net et qui sort de la banalité.

Les Gaston sont d'*intelligence active et profonde ;* ils

ont des *aptitudes pour les sciences exactes, un certain don d'observation*, mais des idées exclusives, et bien que *pondérés et perspicaces*, ils *sont moqueurs et passablement sceptiques*.

Caractère renfermé, indépendant et orgueilleux, mais *nulle fatuité extérieure*, au contraire, plutôt *simples et réservés ;* ils sont *coléreux et susceptibles*, parfois violents, mais savent se contenir au point de paraître calmes et presque froids.

Ils sont *sensibles, impressionnables, affectueux*, ardents et passionnés, mais leur sensualisme est très inégal et ils sont jaloux.

Ils ont du *cœur* et de la franchise et sont *capables d'attachements profonds*.

Ils sont *actifs, travailleurs, ordonnés et méthodiques ;* ils ont du sens pratique des plus *positifs*, malgré leur apparence rêveuse et distraite. Volontaires et ambitieux, parfois absolus dans leurs idées, plus généralement conciliants et pondérés, ils savent être souples dès que leur intérêt le commande, et ne *négligent aucun moyen pour arriver*.

Au résumé, un *bon nom*, sérieux s'il est parfois désagréable.

Ecriture : A pointes nombreuses. Parafe soulignant.

Noms connus : Salvayre. Deschamps. Tissandier. Calmettes. Méry. De Ségur. Serpette. Maspero.

GENEVIÈVE

Nom des plus gracieux.

Les Geneviève ont une *nature sensible et douce, affectueuse, aimante et caressante ;* elles sont constantes dans leurs affections et ont du cœur.

Leur imagination est à la fois distraite, nuageuse et très positive.

Elles sont bonnes personnes d'intérieur, *calmes, ordonnées, mais sans énergie et sans grande initiative*.

Type d'ingénues *manquant de timidité* comme d'audace, *assez indépendantes de caractère* et très susceptibles.

Ensemble joli et charmant.

Physique: Figure ronde et courte, jolie plutôt que belle. *Blondes en général.*

Sᴀɪɴᴛᴇ Gᴇɴᴇᴠɪᴇ̀ᴠᴇ, visionnaire. Personne simple et douce.

GEORGES

Un des noms les plus extraordinaires et des mieux déterminés de l'onomatologie, et l'un de ceux qui justifient avec le plus de force cette science étonnante:

Caractéristique : A quelques rares exceptions près, *tous les Georges sont de belle taille, beaux garçons, tous infatués de leur personne comme de leur valeur intellectuelle. Les Georges comme les Emile causent toujours à la première personne du verbe.*

Ils ont l'*intelligence souple, assez profonde,* des aptitudes pour les lettres, les arts et même les sciences. On trouve chez eux de l'assimilation, du sens pratique et de l'intuition inventive. Dans ce nom il y a moins de poésie que dans d'autres, ce qui supposerait *plus de positivisme que d'idéalisme réel.* Leur imagination est souvent nuageuse et distraite, malgré leur minutie méticuleuse ; ils sont *emballés,* enthousiastes, à la fois *moqueurs et sceptiques. Grande facilité d'élocution, sans être éloquents. Idées exclusives.*

Ils sont d'un *naturel doux, sensible et très impressionnable ;* mais vifs, nerveux, *susceptibles* et *vindicatifs.* Apparence sympathique et bons garçons ; contents de leur prestance ou de leur valeur, peu d'amour-propre et de fierté, mais de la fatuité chatouilleuse et susceptible ; *de belles manières et de belles paroles ; on les prend toujours par les compliments,* comme les Emile qui sont moins infatués de leur beau physique.

Ils sont d'un tempérament très *affectueux, très sensuel, et portés sur le beau sexe,* devant lequel ils font la roue.

Ils sont *égoïstes pour eux, pour leur famille et leurs intimes.* Serviables quand cela ne les gêne pas trop. *Très économes, même parcimonieux.*

Plus concentrés que rayonnants, dissimulés sous une apparence de franchise qui est souvent de la naïveté ou de la gaffe. *Souples sans être insinuants* ou rusés. Flatteurs, malgré leur extérieur parfois arrogant ; ils ont des convictïons cependant et même un certain courage pour les défendre. Hâbleurs, souvent d'une gaieté un peu grosse et qui tombe facilement ; ils ont l'*aplomb que leur donne leur prétention,* ils paraissent *sûrs d'eux-mêmes,* presque audacieux, et taillés pour la lutte ; mais au fond ce sont des trembleurs, et ils s'esquivent à la première alerte, quand ils le peuvent. Il ne faut donc pas trop compter sur eux.

Les Georges ont une *volonté moyenne,* mais très souple et s'adaptant *aux circonstances.* Ils sont ambitieux, *arrivent presque toujours à ce qu'ils veulent,* du moins à une certaine situation, moins par leur énergie qui est inégale que par leur *élasticité tenace,* leur initiative, leur *activité,* leur *travail acharné, patient, minutieux et méticuleux :* ils emploient tous les moyens nécessaires et ne sont pas très scrupuleux. Ils sont *prudents,* méfiants et soupçonneux, mais leur vivacité, leur emballement les rend parfois étourdis et à coups de tête.

En résumé : grands et beaux garçons, fats, prétentieux et pensant toujours à eux-mêmes ; très sensuels ; peu dépensiers, ayant assez l'esprit de famille, *souples d'idées et de caractère* sous l'apparence indépendante ; *expansifs et renfermés, selon les moments ;* assez fins d'idées, mais assez peu délicats de sentiments, ayant de l'*aplomb, du sansgêne,* même du cynisme et *peu de courage moral. Actifs,*

*positifs, travailleurs, méticuleux, intelligents et désirant s'éle-
ver. Nom qui doit réussir.*

Physique : Les Georges sont *grands dans la proportion
de 9 sur 10,* et ceux qui sont de petite taille (j'en connais)
sont contents d'eux-mêmes et ne perdent pas, comme on
dit, un pouce de leur taille. On dit souvent d'eux : « le
grand Georges », « le *beau Georges* » ; voir faits divers
dans les journaux. Ils sont *blonds en majorité, de figure
ronde, d'ensemble gras.* Presque tous les Georges que je
connais fument très peu ou ne fument pas, et sont *sobres,*
mais ce n'est peut-être pas une règle générale.

Écriture : *Très arrondie, sinueuse et souple, grasse, et
assez élégante. Les 9/10 des paraphes sont soulignants.*

SAINT GEORGES, terrassant le dragon, a laissé à ses
homonymes, à défaut de courage physique, une belle
taille et une belle prestance.

Noms connus : Clémenceau. Picquart. Berger. Berry.
Leygues. Rupés. Sporck. Cain. Clairin. Rochegrosse. La-
fenestre. De Dramard. Charpentier. Boyer. Lemaire.

Gilles de La Tourette. Courteline. Claretie. Vanor.
Perrot. Dufayel. Thiébaud. Desplas. Pastard. Montorgueil
(Octave dit Georges). Feydeau. Haquette. Picot. D'Esparbès
(Auguste dit Georges). Georges, roi de Grèce. Georges
Washington. Cuvier. Buffon. Cadoudal. Lord *Byron.*
Danton. Maréchal Lobau.

Historique : *Georges Villiers,* duc de Buckingham, un
des courtisans les plus séduisants de son époque et des
mieux vus des femmes. Monk.

Faits récents : *Général Boulanger,* dont l'aventure est
présente à toutes les mémoires : sympathique, plaisant
aux femmes, mais ayant manqué de conviction finale et
de courage moral.

Georges Clémenceau : « Extrait d'un journal : gouailleur,

sans convictions ni bonne foi, cynique, *portant son attention méticuleuse sur ses employés* (tous les Georges sont
méticuleux et tâtillons), nerveux et pète-sec, donnant l'illusion de l'autoritaire, mais tout prêt à plier et à disparaî-
tre, etc. »

Analogie : Il y a quelque analogie entre ce nom et
celui d'Emile, avec de profondes différences. Ainsi les
Georges ont l'intelligence plus pondérée, les Emile l'imagination plus mouvementée et variée. Les Georges sont
méticuleux, soupçonneux et plutôt en dedans, les Emile
moins ordonnés et plus en dehors. Les Emile sont facilement agressifs et batailleurs, serviables et meilleurs camarades. Les Emile sont de bons vivants, supportant les excès
de la table, les Georges sont plutôt sobres, etc., etc.

Epoques : Par le grand nombre de Georges qui occupent de belles situations, on pourrait presque appeler notre
époque l'*Ere des Georges*, à moins que ce ne soit l'Ere des
Emile ou des Paul.

GEORGETTE

Nom peu donné.
Caractère assez mou, sens moral assez large ; de l'analogie
avec le nom de Georges, mais plus de simplicité. *Bonnes
personnes.*

Au physique : femmes bien faites et grasses, généralement blondes.

GÉRARD

Nom peu répandu qui donne des manières douces, *polies*,
des idées fines et de *bons sentiments*, du *calme*, une imagination rêveuse, et du goût pour l'étude.

Saint Gérard. Douceur et politesse.

Noms connus : Gérard de Nerval. Papus.

GERMAIN

Nom peu répandu et cependant très bon, solide et rustique. Il donne de *bonnes qualités*, de la *fermeté de caractère et de l'initiative*.

Saint Germain. Frugal, simple, probe.

Type : Germain Pilon.

GERMAINE

Ce nom aurait de l'analogie avec celui de Germain, mais la terminaison « aine » lui donne moins de profondeur dans la pensée, et plus de grâce.

Les Germaine ont l'intelligence vive, les *idées arrêtées, parfois originales, nuageuses et distraites,* mais elles sont peu idéalistes, plutôt *positives*.

Elles sont *sensibles, affectueuses, constantes dans leurs affections ;* de *caractère susceptible,* mais sans rancune.

Une *certaine franchise et loyauté*.

Tenue fière, décidée ; elles sont *peu timides,* et *indépendantes.*

Volonté faible mais *assez ferme ; obstination* dans les idées, *caprices fréquents, et imprudences*.

Fond sérieux si l'apparence est légère.

Ce nom se donne en ce moment à cause de sa finale légère et gracieuse.

Physique : Ovale régulier, visage agréable.

GILBERT

Nom très distingué qui donne une intelligence active, une grande sensibilité, et une volonté forte mais conciliante.

GRÉGOIRE

Nom *sérieux et pondéré*, qui donne un esprit pratique, de la prudence et de l'habileté, des qualités solides.

Types : Grégoire de Tours, Grégoire le Grand.

GUILLAUME

Nom plus fréquent à l'étranger que chez les Français.

Les Guillaume ont l'intelligence active et curieuse ; l'imagination nuageuse qui fait contraste avec le positivisme le plus grand. Ils sont plus *assimilateurs* qu'originaux.

D'un caractère *impressionnable et mobile, vif, nerveux et irascible*, mais dissimulé sous une grande réserve, discrétion, et habileté.

Tempérament *sensuel et sentimental*.

Tenue fière, quelque peu dédaigneuse, mais manières aimables et sympathiques, conscience de leur valeur.

Beaucoup de gaieté, d'entrain, avec moments sombres et mélancoliques.

Ils ont de l'*énergie, de l'activité, de l'initiative ;* ils aiment le mouvement et sont même aventureux, et très *indépendants de caractère*. Ils ont du *sens pratique. Travailleurs et capricieux à la fois*. Souples encore plus qu'autoritaires.

Nom sérieux.

Écriture : Très arrondie, mouvementée.

Saint Guillaume. Ardeur à l'étude, solitude et voyages.

Noms connus : Guillaume de Sens. Sénault. Coustou. Dr Dupuytren. Lamoignon.

Historique : Guillaume le Conquérant.

Guillaume Ier paraphe mouvementé.

Guillaume II paraphe mouvementé comme son grand-père.

GUSTAVE

Un des noms les plus répandus et des plus significatifs.

Les Gustave ont *l'intelligence plus étendue et variée que profonde ; le cerveau est pondéré* ; les idées arrêtées et pas très vastes. Ils ont des aptitudes pour les sciences, mais sont pourtant assez peu observateurs. Ils ont *l'élocution facile,* et *aiment les choses nettes et précises.*

Nature douce et féminine, manières aimables, calme habituel, mais amour-propre susceptible, avec moments d'irascibilité et de violence, *parfois mauvaise tête et très indépendants de caractère; se laissent facilement diriger* si l'on n'est pas durs avec eux.

Sensibles et affectueux, sensuels et même passionnés , serviables et cordiaux, capables de se dévouer.

Ils ont une *volonté faible mais active, c'est une dominante de leur caractère;* peu autoritaires; énergiques par à-coups; travailleurs et obstinés ; beaucoup d'*habileté en affaires et du sens pratique. Fond bourgeois et routinier, bien qu'aimant la nouveauté en apparence.*

Ils sont assez courageux et *peu timides,* et jamais prétentieux.

Nom sympathique et d'une certaine franchise.

Écriture : *Très arrondie, rapide, t* barrés faiblement, peu de finales rentrantes.

Physique : Visage oval effacé.

Noms connus : Gustave Courbet. Doré. Nadaud. Cunéo d'Ornano. Mesureur. Noblemaire. Vapereau. Toudouze. Hervé. Geffroy. Charpentier.

GUY

Nom intéressant et distingué que l'on recommence à donner dans les classes élevées. Plus léger que fort.

HÉLÈNE

Il y a de l'atavisme dans ce nom d'Hélène si agréable à prononcer; *les Hélènes sont généralement faibles contre leurs passions et de sens moral assez vague.*

Elles ont le cerveau parcouru par des idées bizarres et rêveuses.

Leur *sensualisme* est régulier sans être passionné; elles ont *de la sensibilité et du cœur.*

Volonté faible, inégale, obstinée ; indolence, énergie faible. Ni timidité ni audace.

Nom doux et sympathique, pas toujours bien équilibré, que l'on peut résumer en ces quelques mots : *Cœur agité, volonté apathique,* une *imagination en quête d'idéal* et des *sens orientés vers les satisfactions matérielles.*

Je ne recommande pas ce nom, il est dangereux.

Physique : Visage agréable, *nez droit,* yeux grands, figure régulière, mais souvent sans expression.

Historique : Hélène, femme de Ménélas.

HECTOR

Nom célèbre dans l'histoire grecque. Le premier Hector a laissé à ses homonymes une *belle prestance,* une *certaine suffisance bon enfant* et sans distinction.

Les Hector sont froids sous une *gaieté et bonne humeur apparentes.* Ils sont railleurs, *sceptiques* et assez susceptibles.

De *tempérament sensuel et assez bien en chair, ils plaisent aux femmes.*

Volonté faible mais *égale et calme. Actifs, travailleurs,* peu énergiques, mais doués de sens pratique.

Ils sont *habituellement francs,* et ne manquent pas de cœur.

Ensemble assez bourgeois qui dément un peu le type noble de l'ancêtre.

Noms connus : Hector France. Malot. Durville. Guimard.

HÉLOÏSE

Nom qui n'est pas banal, passé dans la chanson et dans le roman.

Il donne un *cerveau bizarre*, un *caractère renfermé*.

Voir mes premières impressions, origines de l'onomatologie. Ce nom d'Héloïse fut le premier que je devinai sur la figure originale d'une jeune fille, et fut le point de départ de mes observations en 1890, plus tard condensées en système.

Historique : Héloïse et Abeilard.

HENRI

Nom intéressant à tous les points de vue, et des moins banaux, il a quelque chose de distingué. C'est un des cinq ou six noms nationaux ; il n'a pas la banalité des Eugène, ni la mobilité des Emile, ni la fatuité des Georges, ni l'initiative des Jean, mais il a du cœur, de l'énergie, de la passion ; il ressemble un peu aux Louis, sans avoir leur bizarrerie et leur nervosité.

Les Henri sont intelligents ; leur imagination se tient dans la région du *positif* plutôt que dans l'art pur et la poésie. Leur *jugement est judicieux ;* mais souvent leur impressionnabilité les rend *partiaux* et sectaires. Ils sont *taquins et moqueurs, quelque peu sceptiques ; habituellement gais* tant qu'ils ne sont pas surmenés ou de mauvaise santé.

Ils sont de *tempérament sanguin, vifs, susceptibles, irascibles, avec accès de violence* qu'ils arrivent à comprimer le plus souvent. *Ardents et passionnés*, ils *s'attachent* difficilement mais *fortement;* ils ont du *cœur,* des *sentiments profonds ;* ils sont *capables de se dévouer entièrement,* mais ils *sont rancuniers et jaloux.*

Serviables, sympathiques ; le *cœur généreux et sensible,* mais positifs et rarement dissipateurs. Assez peu joueurs ou chercheurs d'aventures.

Le *fond* est *sincère, loyal, souvent confiant,* avec l'apparence réservée, peu communicative. Ils ont des *convictions* et savent les défendre avec *courage ;* ils ont le sentiment du devoir très prononcé, peuvent même devenir durs et implacables, car ce sont des passionnés.

Ils ont une *belle tenue,* souvent ce sont de beaux garçons; ils ont de l'*amour-propre, de la fierté sans fatuité ; naïfs et simples dans l'intimité.*

Leur *volonté* est *tenace, plus patiente qu'entreprenante,* car avant tout *ils réfléchissent* malgré leur impulsivité, et sont *positifs.* Ils ont de l'*obstination* plutôt que de l'autoritarisme. *Travailleurs, consciencieux,* ils s'inquiètent de tout, veulent être ordonnés et précis; *portés à la méfiance et au pessimisme. Habituellement conciliants, parfois nets et tranchants* dans leur façon d'agir.

Les Henri sont des meilleurs caractères de l'onomatologie : il y a certes des exceptions, il y en a partout pour confirmer la règle ; bien qu'ils soient bons et pleins de cœur, il y en a de méchants, mais quelle est la cause de cette méchanceté? Quoi qu'il en soit, les Henri sont affectueux, ardents, *honnêtes,* énergiques et travailleurs, et toujours prêts à exercer leur moquerie, parfois très mordante.

Ce nom est à recommander.

Écriture : Arrondie mais *ferme,* appuyée, rapide, *inclinée,* avec *quelques angles et des pointes* nombreuses.

Saint Henri : Sagesse, progrès, piété.

Noms connus : Harpignies. Zuber. Gervex. Coulon. Brispot. Atalaya. Martin. Zo. Dr Hartmann. Dr Cazalis.

Dʳ Barth. De Bornier. Bauer. Becque. Houssaye. Roche-
fort. Brisson. D'Orléans. Monod. Detouche. Gerbault.
Cain. Bataille. Marcel. Roujon. De la Vaulx. Le P. Didon.
Lavedan. De Regnier. Willy. Becquerel. Murger. Lord
Brougham. Abbé Grégoire. Litolff.

Historique : Henri IV. Comte de Chambord. Turenne.
Duc d'Aumale. Laroche-Jacquelein. Général Bertrand.

HENRIETTE

Joli nom qui touche au nom de Henri, mais avec beaucoup moins de sensibilité, de passion, et plus de positivisme.

Les Henriette ont l'intelligence ouverte, assimilatrice ;
le *cerveau pondéré, sans grands élans d'imagination ;* elles
sont *moqueuses, ironiques, et d'idées arrêtées.*

Peu sensibles ni impressionnables ; affectueuses, sensuelles, *mais rarement passionnées ou expansives,* car chez
elles la *tête domine les sens et le cœur.* Elles sont femmes
de raison, bien que ne manquant pas de cœur. Quelque
peu gourmandes ou friandes.

Peu d'orgueil et de fierté, mais d'*extérieur assez rigide
et dédaigneux ;* tantôt gaies, tantôt sérieuses. Elles *savent
se taire et parler à propos,* et sont *habituellement sincères,* et
peu communicatives.

*Volonté plus patiente qu'entreprenante ; sens pratique des
plus positifs.* Agissent plutôt avec calme, font de bonnes
personnes d'intérieur, et ne dépensent pas à tort et à
travers.

En résumé : Joli nom, intelligent et positif.

Ecriture : Arrondie et calme.

Physique : Visage ovale-rond, fin et agréable ; châtaines
tirant sur le brun. *Henriette Fouquier,* qui ressemble à sa
mère Henriette et à son père Henri, a inspiré la *Fabiola*
d'Henner.

Historique : Henriette Renan, femme énergique et inflexible, mais froide et d'un positivisme déconcertant, a dominé son frère Ernest, moins énergique et plus aimable.

Henriette d'Entraigues, maîtresse de Henri IV.

HIPPOLYTE

Le nom d'Hippolyte donne une intelligence avisée, des idées nettes, un sens moral assez large ; un tempérament sensuel.

Beaucoup de sensibilité, d'*amour-propre et de présomption.*

Ensemble sympathique et *qui a du fond.*

Noms connus : Hippolyte Lebas. Abbé Gayraud. Taine. Flandrin. Castille. Babou.

HONORÉ

Nom très peu donné, très peu connu, mais *pas banal* et *très bon.* Il donne une intelligence profonde, un bon caractère et une certaine fierté indépendante.

Noms connus : D'Urfé. Racan. De Balzac. Fragonard, Le père Honoré Fabié, curé et grand savant. Daumier.

HONORINE

Joli nom, rarement donné de nos jours, et qui cependant est distingué, intelligent et doué de bons sentiments.

HORACE

Nom célèbre, mais peu donné. Les Horaces modernes ont reçu de l'ancêtre romain *la prudence et le calme,* un certain contentement de soi-même bon enfant, et l'ironie. Ce *n'est pas un nom banal.*

Noms connus : Horace Vernet. Amiral Nelson.

HUBERT

Nom qui indique de la souplesse de caractère et un certain contentement de soi-même.

HUGUES

Ce nom sonne bien, il ne donne pourtant pas des qualités bien transcendantes.

Les Hugues ont de l'*amour-propre et de la suscepti-bilité* ; une tenue fière, des manières qui plaisent au beau sexe, un *tempérament féminin*, beaucoup de positivisme et de volonté.

Noms connus : Libergier. Leroux. Lapaire.

Historique : Hugues Capet.

ISABELLE

Assez beau nom.

Les Isabelle sont *intelligentes ;* elles ont l'*imagination rêveuse et romanesque*, le cerveau large, un esprit plutôt sceptique.

Elles sont *douces et sensibles, généreuses et dévouées*, et d'un *tempérament sensuel et froid, selon les moments. Grande indépendance d'idées.*

Volonté forte, absence de timidité.

Noms connus : La Reine Isabelle. Mme Bogelot. Baronne Ungern Sternberg.

JACQUES

Un nom qui devient de plus en plus fréquent dans la classe élevée.

Les Jacques ont l'*intelligence vive, légère, pétulante,*

l'imagination ardente, enthousiaste, mais sans profondeur ;
ils *ont* de la mémoire, *des aptitudes variées*, *l'élocution
facile*, mais de l'étourderie. *De la moquerie, de la gaieté, de
l'entrain et de la vivacité.*

D'un *naturel doux et sensible, généreux et serviables*, ils
dépenseraient assez facilement. Emportés, mais non irascibles ni coléreux, et *sans aucune prétention ni fatuité*
personnelle.

Tempérament *affectueux et sensuel.*

Franchise et loyauté, caractère en dehors.

Volonté rapide, active, mais pas assez forte ni tenace,
Une *certaine habileté en affaires, du sens pratique ;* positifs
sans être ni froids ni égoïstes. *Assez courageux* et audacieux, et peu timides.

Nom très agréable, très bon, très vif et *très sympathique*, mais *manquant de force.*

Saint-Jacques, fils du tonnerre ; zèle excessif, impétueux, actif et travailleur.

Noms connus : Henner. Normand. Job. Wagrez. Mariani. Blanche.

Sarazin. De Brosse. Du Cerceau. Stella. Blanchard.
Callot. Cœur. Amyot. Le Tintoret. Cathelineau. Necker.
Vaucanson. Cardinal Antonelli. Cazotte. Delille. Cujas.

JEAN

Un nom bien français, court et solide, qui exige une
monographie détaillée, *plein de contrastes violents.* C'est
un beau nom, commun à toutes les classes de la société,
qui convient à tous les hommes d'action.

Les Jean ont *l'imagination ardente, le cerveau étendu et
profond*, des aptitudes variées aussi bien pour les arts, la
science et la littérature, que pour toute autre carrière.
Esprit porté à la critique, et en *général n'aimant pas les
complications.*

Ils sont *impressionnables et sensibles*, d'un *tempérament ardent, sensuel et passionné*. Ils ont besoin d'expansion, si ce n'est en paroles, c'est en mouvement ; *ils peuvent se porter aux actes les plus extrêmes*, ils occupent rarement le juste milieu. Ils sont taillés pour la lutte, *indépendants de caractère, irascibles et susceptibles*, mauvais coucheurs, souvent orgueilleux, *ayant confiance en eux-mêmes*, mais rarement prétentieux.

Leur volonté est forte, mais très inégale ; ils sont *fougueux, violents, actifs, entreprenants, audacieux et énergiques*. Ils réussissent habituellement, même sans grande intelligence, dans le commerce, les sports, ou tous autres métiers où il faut de la force et de l'habileté. *Ils ne sont pas incapables d'intrigue et de ruse*, car ils sont *indépendants au moral comme en idées*. Leur franchise est souvent sans ménagements, mais jamais naïve.

C'est un nom essentiellement personnel. Les Jean réunissent les qualités, les défauts et les vices, sans être jamais ordinaires. Certes ils ne sont pas tous identiques au modèle ci-dessus, mais ils s'en rapprochent ; tous les personnages célèbres ne s'appellent pas Jean, mais il suffira d'en nommer quelques-uns pour mieux fixer ce type original et intéressant.

Noms connus : *Jean Mastaï, Pape Pie IX*, génie ardent, audacieux, violent et à l'imagination enthousiaste. Quelle distance entre lui et Léon XIII si conciliant, et Pie X qui cependant lui ressemble, mais qui subit l'influence de son prénom primitif de Joseph !

Jean d'Orbais, architecte de la cathédrale de Reims. Jean de Chelles, architecte de la cathédrale de Paris. Jean Langlois, architecte de Saint-Urbin de Troyes.

Jean Froissart. *Gutenberg*. De la Quintinie. *Pic de la Mirandole*. Jean *Goujon*. Jean de Bologne. *Fouquet*. Marlborough. *Milton. Boccace. Racine*. Cousin. *Lafontaine*.

Labruyère. Locke. *Palestrina*. Jouvenet. Restoul. *Jean Bart*. D'Estrées. Borda. *Rameau*. Segrais. Knox. *Gerson*. *Calvin*. *Sobieski*. *Huss*. *Jean de Leyde*. *Kepler*. Dr *Jean Faust*.

Jean Richepin, qui contraste par sa force avec son fils Jacques, gracieux et rêveur.

Jean Lorrain. Jean Lombard. Aicard. Ajalbert. Mounet-Sully. De Reszké. Rameau (Laurent). Charcot. Jaurès. Grave. Dupuy. Baffier. Béraud. Brunet. Charpentier.

Johann Strauss. John Irving. *Stanley*. John Brown. Maréchal Lannes. Bailly. D'Alembert. Arany, poète hongrois. *John Law*. *Ruskin*. Wesley. Johannès Brams. Yvan Tourguenieff.

Historique : Les Jean pullulent dans notre histoire. *C'est un nom que je conseille, malgré ses défauts, parce qu'il prédispose à la lutte et à la réussite.*

Saint Jean l'Evangéliste, le visionnaire, le poète de l'Apocalypse, qui a su par sa douceur accaparer l'amour du Christ. Quel plus bel exemple de doux et de violent réunis, de conviction et d'habileté, de foi ardente et d'indépendance; moins éloquent et prolixe que son compagnon Paul, mais plus puissant? Resta vierge malgré l'ardeur de son tempérament.

JEAN-BAPTISTE

Nom très caractéristique et donné assez rarement. Il subit l'influence fatale du premier *Jean-Baptiste, le Précurseur*, qui lui-même avait des Jean la violence des sentiments, avec la sauvagerie en plus.

Les Jean-Baptiste sont *indépendants de caractère, avec quelque chose de simple et de sans façons.*

Sentiments profonds ; tempérament sensuel et impressionnable.

Dehors simples, calmes, pondérés, cachant une grande violence.

En général francs, du moins jamais rusés ni très habiles ; presque toujours *très peu communicatifs* et causant assez difficilement. Ils n'ont pas l'esprit vif des Jean, mais ils sont plus réfléchis.

Jamais très gais, au contraire plutôt sérieux et parfois sombres.

Volonté forte, tenace, opiniâtre ; travailleurs et consciencieux.

C'est un *bon nom,* mais il n'est pas fait pour vivre en société civilisée.

Noms connus : J.-B. Peter (triste). J.-B. Poquelin (Molière, mélancolique). J.-B. Carrier (sombre et sauvage). J.-B. Pigalle. J.-B. Kléber. J.-B. Greuze (révolutionnaire en art). Pergolèse. Massillon. J.-B. Rousseau. Vico. D'Argens. Lulli. Cramer. J.-B. Faure (sombre). Colonel Marchand (triste). Général Billot. Darlan. D\u1d63 Charcot. Carpeaux. Chardin. J.-B. (?) Corot. J.-B. Biot. Général Jourdan. Général Bessières.

JEANNE

Le nom de Jeanne n'est pas tout à fait la contre-partie de Jean, mais il est aussi *un nom national des plus vivants, des plus intéressants et des meilleurs à tous les points de vue.*

Les Jeanne ont l'*intelligence rapide, l'imagination forte,* souvent rêveuse et nuageuse, mais en même temps n'oubliant pas les choses positives de la vie. Elles sont pétulantes, spirituelles, curieuses, croyantes et crédules. Elles ont des aptitudes variées ; elles sont souvent intuitives, et *leur imagination comme leur tempérament sont influençables.*

Nature très douce, un peu molle ; elles sont *sensibles,*

aimantes, *plus sentimentales que sensuelles* ; *compatissantes,
bonnes et dévouées.*

Elles aiment les attentions, les caresses, les bonnes
petites choses, les friandises.

Elles sont coquettes, mais jamais prétentieuses ; si elles
ont les goûts de vie large et des airs d'indépendance, ce
n'est qu'en apparence, car *elles préfèrent la vie d'intérieur,*
moins faites pour le monde que pour l'intimité.

Elles ont de l'*entrain, de la gaieté,* besoin de mouvement,
mais toujours *enclines à une mélancolie latente* qui se traduit
souvent par des larmes et des tristesses subites ; elles sont
nerveuses, très impressionnables, parfois susceptibles
malgré leurs *manières aimables et gracieuses.*

Elles sont *sincères en général,* mais d'une franchise
souple et féminine ; *plutôt expansives* que renfermées, et
assez confiantes.

Volonté plus vive que forte, peu de persévérance et de
ténacité, c'est leur caprice et leur fond mobile qui les
dirigent souvent. Elles *ont de l'obstination, de l'énergie par
accès,* des découragements fréquents ; un fond de mollesse
et d'indolence avec du ressort qui les remonte. L'histoire
est là pour nous prouver que les Jeanne sont capables
de grandes choses dans un moment d'exaltation. Elles sont
assez débrouillardes, positives et savent se tirer d'embarras.

L'ensemble est sympathique, malgré les hauts et les bas.
Bonnes personnes, influençables, que l'on prend par le cœur
et qui préfèrent comme mari un homme fort à un être
faible, car elles aiment la protection.

*Je recommande ce nom de Jeanne, si bien français par ses
qualités et ses défauts.*

Physique : visage *ovale rond, et large, gracieux* ; démarche souple. Cheveux de toute sorte, mais en majorité
tirant sur le blond.

Écriture : *vive, arrondie, grasse,* barres de *t* inégales.

Lorsque ces écritures de Jeanne sont bien naturelles, elles paraissent toutes sortir de la même main.

Historique : Jeanne d'Arc. Jeanne Hachette. Jeanne d'Albret. Jeanne de Montfort.

JEANNETTE

Diminutif de Jeanne. Se donne très rarement à la naissance. Même signification.

JÉROME

Nom qui donne une intelligence élevée, curieuse, mais assez douteux comme sentiments.

Noms connus : Cardan. Prince Jérôme. Savonarole. Doucet.

JOSEPH

Ce nom de Joseph *subit un double atavisme étrange et curieux*, une influence douteuse que la malignité publique a forgée peut-être de toutes pièces : je n'insisterai pas sur ce sujet scabreux, burlesque ou respectable.

Les Joseph ont l'*intelligence plutôt lente et réfléchie ;* le *jugement bon, l'imagination froide et positive ; souvent studieux ;* tendance à l'ironie et à la moquerie, *un peu pince-sans-rire.* Gaîté habituelle, mais sérieuse et bon enfant.

Nature susceptible et coléreuse, mais conservant leur calme, et naturellement *bons. Apparence un peu froide et renfermée ; peu causeurs ;* plutôt *francs, mais avec arrière-pensées,* en général confiants et honnêtes.

Tempérament sensuel, mais inégal ; une certaine pudibonderie et réserve honnête ; *attachements profonds.*

Volonté énergique, mais *prudente et méfiante. Travailleurs patients, consciencieux,* jamais autoritaires, plutôt conciliants. *Hommes paisibles,* aimant leur intérieur, et non les aventures ni les batailles, et pourtant rarement heureux en ménage malgré leurs qualités.

Nom serieux, mais que cependant je ne recommande jamais.

Atavisme : Joseph de la Bible et son aventure avec la femme de Putiphar. Saint Joseph.

Noms connus : Verdi. Haydn. Cardinal Fesch. Montgolfier. Lakanal. Giuseppe Garibaldi. Roumanille. J. Joubert, moraliste.

Historique : Le roi Joseph, frère de Napoléon Ier, roi d'Espagne, qui voulut imposer à sa cour la pureté des mœurs !

Joseph Balsamo, comte de Cagliostro.

JOSÉPHINE

Ce nom de Joséphine n'est pas la contre-partie de Joseph, c'est un *nom douteux.*

Les Joséphine ont l'*imagination distraite et nuageuse en même temps que positive et terre à terre.*

Elles ont une *nature douce et molle, du laisser-aller, de l'indolence dans l'intimité ;* des *manières aimables* et douceureuses, mais susceptibles, obstinées, et cependant *plaisant beaucoup,* très admirées.

Leurs goûts n'ont rien de distingué.

Elles sont *affectueuses, sensuelles,* quelque peu vicieuses, et jalouses. Leur *sens moral est douteux. Elles ont du cœur et passent généralement pour de bonnes personnes ;* cependant elles songent d'abord à leurs petits intérêts et sont très personnelles.

Caractère peu sûr, *dissimulées* et rusées sous leur apparence naïve et bon enfant. Énigmatiques sans le vouloir à cause de leurs bizarreries cérébrales.

Leur volonté est surtout de l'*obstination* ; elles ne sont ni actives ni bien courageuses et réussissent moyennement.

Physique : figure plate, mais agréable ; un peu le *type lunarien mou ;* en général brunes.

Noms connus : Impératrice Joséphine (de Beauharnais).

JULES

Nom fréquemment donné dans toutes les classes de la société, surtout dans la bourgeoisie et le peuple.

Les Jules ont l'*intelligence facile, active, de la mémoire, de l'imagination, de la réflexion.* Leur *cerveau* est *équilibré,* apte à comprendre et à s'assimiler profondément les choses. Ils ont du sens critique et du bon sens. Ils sont capables d'enthousiasmes et d'emballements, mais sont peu novateurs.

Ils ont une *nature douce, des manières agréables, un caractère souple* malgré leur vivacité et leur grande susceptibilité. Ils ont l'*amour-propre chatouilleux,* peu de fierté, et une *tenue* un peu *importante.*

Ils ont assez d'*aplomb,* batailleurs en paroles plus qu'en actions, car ils *parlent facilement* ; quelque peu de cynisme et de sans-gêne.

Ils ont un *tempérament affectueux et sensuel,* ils sont *portés sur le beau sexe,* coureurs et très *changeants.*

Ils ont du cœur, quoique personnels; ils sont *sensibles, impressionnables, serviables, sympathiques, d'un abord engageant et ouvert.*

Leurs convictions sont mobiles, *leur franchise s'adapte aux circonstances,* mais cependant en général pas de mauvaise foi.

Leur volonté est inégale, leur énergie subit continuellement des hauts et des bas, ce qui ne les empêche pas de réussir, car ils sont *habiles, aptes à diriger,* cachant leurs

idées absolues sous des dehors aimables et *conciliants ; actifs,*
ambitieux, ne reculant pas devant l'intrigue, *doués de sens*
pratique, ils peuvent monter très haut.

Type bourgeois, positif avant tout dans ce qu'il entre-
prend : commerce, politique, art, sciences.

Ecriture : *Arrondie, rapide, grasse, variée et mouvementée.*

SAINT JULES. Activité, vigueur.

Historique : Mazarin. Cardinal Alberoni.

Il y a eu l'*Ere des Jules,* a dit Alexandre Dumas, qui
n'avait pu s'empêcher de remarquer la fréquence du nom
de Jules chez les hommes au pouvoir : Jules Favre, Jules
Grévy, Jules Janin, Jules Simon, Jules Ferry, etc., comme
maintenant nous avons les Paul, les Georges, les Emile.

Noms connus : Jules Janin. Jules Favre. Jules Ferry.
Jules Simon. Grévy. Michelet. Oppert. Jules Massenet.
Valadon. Chéret. Danbé. Lefebvre. Jules Verne. Renard.
Bois. Mary. Adler. Sandeau. Guesde. Méline. Jules Gué-
rin. Auffray. Baron Legoux. Janssen. Abbé Lemire.
Dr Voisin. Claretie (Arsène dit Jules). Worms.

JULIE

Les Julie ont l'*intelligence vive, avec quelques idées fan-*
tasques.

Elles ont une *nature impressionnable et nerveuse,* un
cœur sensible, des *manières vives et gracieuses,* mais des
moments difficiles parce qu'elles sont susceptibles et irritables.

Affectueuses et sentimentales, serviables et sympathiques,
ce sont de *bonnes personnes, gaies, enjouées, franches,*
ouvertes et prime-sautières.

Elles sont *actives, un peu brouillonnes,* bien qu'amies
de l'ordre et *très propres ;* elles ont des hauts et des bas

continuels dans l'énergie, *positives et capricieuses à la fois.*
Nom *intéressant.*

Physique : *Brunes* en général ; figure sémillante, expressive, allure dégagée.

Ecriture : Vive et agitée, grasse et inclinée.

JULIA

Joli nom. Gracieux et fin.

Les Julia ont les idées fines ; elles sont affectueuses, sympathiques ; elles ont de bons sentiments, mais de la susceptibilité.

Leur volonté est plus égale que forte, et elles n'approfondissent pas assez les choses.

Physique : En général blondes, et de figure très gracieuse.

Nom connu : Julia Bartet, de la Comédie-Française.

JULIETTE

Un des noms les plus nettement affirmés de l'onomatologie. La dominante du caractère des Juliette est *la passion,* qui leur fait tenir une place à part dans la société.

Elles ont l'intelligence apte à s'occuper de tout.

Ce sont des natures *sensitives, impressionnables à l'excès, vives,* nerveuses, coléreuses avec moments difficiles, éprouvant souvent le besoin de se contenir, ce qui leur donne alors l'apparence sérieuse, *peu communicative* et renfermée. Expansives seulement dans l'intimité ; presque toujours sincères dans leurs actes.

Affectuosité passionnée, capables d'attachements profonds, comme *d'égoïsme méchant ; jalouses, rancunières.*

Peu de vanité, mais de l'amour-propre et de la fierté.

Elles ont une *volonté forte, décidée,* énergique et *opiniâtre,* et une *grande activité,* mais elles sont *sujettes aux dépres-*

sions physiques et morales profondes ; elles ont des moments sombres pouvant aller jusqu'au suicide.

Ce sont des *femmes extrêmes* en tout, par conséquent pas banales, et plaisant beaucoup.

Écriture : *Très inclinée, vive, arrondie, appuyée.*

Physique : Presque toutes *brunes.*

Noms connus : Juliette Adam, élevée par sa tante Sophie. Juliette Dodu. Cottin. Toutain. Conneau. Simon-Girard. Darcourt.

JULIEN

Nom qui tient de Jules, mais moins mouvementé, moins varié.

Il indique le *calme, la douceur,* la *souplesse dans les actes comme dans les paroles,* et un *certain contentement de soi-même.*

Les Julien sont actifs et *travailleurs* ; ils ont de *la suite dans les idées,* une *certaine habileté pratique.*

C'est *un nom sympathique,* mais qui manque un peu de force, de caractère et de relief.

Noms connus : Julien Viaud, dit Pierre Loti. Julien Dupré.

Histoire : Julien l'Apostat.

JULIENNE

Nom peu donné. Il indique une nature vive, impressionnable ; un esprit léger ; une grande douceur de caractère avec une petite pointe de susceptibilité.

JUSTINE

Ce nom donne une intelligence éveillée, une grande imagination, un esprit juste, de la vivacité, un bon cœur, mais pas toujours bon caractère.

LAURE

Nom curieux et peu banal, il est joli et pimpant.

Les Laure ont l'*intelligence très éveillée, spirituelle*, une *nature prime-sautière et décidée*, elles ont la répartie facile et sont *franches* en général.

Extérieur décidé, *peu timide.*

Affectueuses et sentimentales malgré leur petit air indépendant et cavalier.

Physique : *Blondes* en général ; figure *ronde, animée,* jolies filles.

Nom connu : Laure, duchesse d'Abrantès.

LAURENCE

Nom très fin, mais peu donné.

Les Laurence sont des femmes de cœur et de sentiment, mais faibles et romanesques.

Peu d'énergie, aimant le repos et la tranquillité.

LAURENT

Nom assez sérieux. Il donne de la pondération dans les idées, une imagination profonde et de bons sentiments.

LÉA

Léa vient de Léo ; il n'est pas beaucoup meilleur, mais la désinence A lui donne de l'originalité et du fantasque.

Les femmes du nom de Léa ont l'*intelligence ouverte*, mais des idées arrêtées.

Elles sont *aimantes*, bonnes personnes, mais jalouses et *passionnées.* Sens moral large.

Elles sont *décidées, d'allure peu timide*, assez coquettes et *capricieuses.*

Volonté plus *inégale et vive* que tenace.

Caractère sur lequel il ne faut pas compter.

LÉO

Nom en contradiction avec l'étymologie de Léon, dont il n'a ni la force, ni le courage, ni la fierté, ni la loyauté.

Il donne une *intelligence ouverte et assimilatrice, sans idéal,* une *mémoire facile.*

Un *tempérament sensuel*; une *apparence aimable* et de *belles paroles,* mais un *caractère peu sûr,* mobile et capable d'intrigue.

Une *volonté souple* et tortueuse, mais peu d'énergie réelle.

Noms connus : Léo Lespés. Delibes. Léo Taxil.

Ecriture : *Très arrondie,* grasse, sinueuse et peu franche.

LÉON

Léon comme Léo veut dire lion par l'étymologie. Or, si la théorie de la prédestination des noms était toujours vraie, celui qui s'appelle Achille serait un foudre de guerre, celui qui s'appelle Gourdin serait marchand de cannes, et celui qui s'appelle Léon devrait être un lion ; or il n'en est rien.

La *caractéristique des Léon* est la douceur et *la souplesse du caractère,* nullement la force et le courage du lion.

Ils ont l'*intelligence facile* et variée, une grande *lucidité d'esprit,* une *mémoire heureuse,* un libéralisme fait de *convictions peu profondes* ; ils sont *causeurs agréables,* persuasifs ; moqueurs et ironiques sans méchanceté, assez croyants et confiants.

Nature douce, sensible, aimable et bienveillante ; affectuosité cordiale et sensuelle.

Les Léon sont *vifs et gais*, très peu orgueilleux, *plutôt simples* et sans fatuité, bien qu'ayant conscience de leur mérite propre ; *bons garçons*, bons amis, conciliants, peu égoïstes et de dépense facile.

Ils ont de *l'activité, de l'initiative*, mais une *volonté plus vive que forte* et une *énergie faible* qui les fait reculer devant les grandes responsabilités.

Ils ont des *qualités d'ordre* et d'administration, de la prudence malgré leurs accès d'emportement, de la souplesse, et savent se tirer d'embarras.

En résumé : *nom sympathique, doux et franc ; chez eux le cœur domine.* Ils seraient supérieurs s'ils avaient plus de force de caractère.

Ecriture : *Très arrondie, grasse et rapide.*

Saint Léon. Eloquent, judicieux, pénétrant.

Noms connus : Léon Gambetta. Léon XIII. Léon Bourgeois. Xanrof. Hennique. Chapron. Riotor. Bloy. Gérôme. Barillot. Comerre. Lhermitte. Glaise. Durocher. Cladel. Dr Labbé. Général Cuny. Daudet. Gozlan. Bonnat.

LÉONARD

Nom dérivé de Léo, souple, rusé. Peu donné de nos jours.

LÉONIE

Caractère décidé.

Les Léonie ont des *idées arrêtées, obstinées ;* elles sont *susceptibles et vindicatives,* et de sens moral un peu vague.

Elles ont de *l'activité, du sens pratique.*

Elles sont *brunes* en général.

LÉONTINE

Caractère qui répond un peu à celui de Léon.

Les Léontine ont *l'imagination forte* et *l'intelligence facile.*

Elles sont *plus sentimentales que sensuelles ; bonnes per-*
sonnes serviables et généreuses.

Volonté assez suivie sans être forte ; *apparence décidée,*
peu timide, mais au fond douces et conciliantes.

Nom sympathique.

LÉOPOLD

Ce nom offre un *type des mieux tranchés de l'onomato-*
logie à certains points de vue.

Ce qui domine dans ce caractère, c'est le sensualisme fémi-
nin. Les Léopold sont coureurs, *ils aiment la femme* et les
plaisirs ; ils ont des *manières agréables, beaucoup de fatuité,*
le *langage facile, mais superficiel.*

Leur esprit vif est toujours porté vers les *choses positives*
de la vie et bourgeoises. Ils sont moqueurs et ironiques.

Ils ont la *volonté tenace,* de la *suite dans les idées.*
Jamais autoritaires, mais sachant ce qu'ils veulent, ils
arrivent à leur but sans trop heurter les opinions d'autrui.
Ils ont l'apparence du libéralisme et de la générosité ;
mais *leurs convictions sont légères, leur bonne foi très*
souple, et ils n'aiment pas dépenser, car ils sont *pratiques.*

Ce nom participe du nom Léo.

Remarque : Il n'est pas possible de donner pour chaque
nom la définition entière du caractère, il y aurait trop de
répétitions : il suffit souvent du côté dominant spécial au
nom étudié, pouvant difficilement être attribué à d'autres
noms. Ainsi pour Fernand et Léopold nous avons le côté
féminin dominant ; ce sont des hommes à bonnes for-
tunes, mais il y a des différences notables entre eux : les
Fernand sont plutôt indolents, les Léopold, au contraire,
ont du nerf, de l'activité, de l'énergie et plus de sens
pratique.

Physique : Bruns en majorité.

Noms connus : Léopold Lacour, apôtre du féminisme en France.

Léopold Goirand, député qui le premier proposa des lois d'émancipation féminine.

Léopold Sacher-Masoch. Léopold II.

LOUIS

Un des noms nationaux français, un des caractères les plus nets malgré ses contrastes.

Dominante : *Amour-propre extraordinaire.*

Les Louis ont beaucoup d'imagination ; un *cerveau nuageux et distrait ;* un *esprit philosophique, mais toujours systématique ;* ils sont observateurs assez perspicaces, même inventeurs ; *spirituels, railleurs,* plus sceptiques en paroles qu'en réalité, sachant s'exprimer, *éloquents ou causeurs abondants* quand on les met sur leur sujet, autrement peuvent devenir peu communicatifs et complètement renfermés.

Ils ont de la *gaieté par à-coups,* un *entrain spontané, avec des moments sombres, rêveurs, taciturnes.*

Ils ont des *idées originales et variées, une grande mobilité d'impressions,* et *le culte du souvenir.*

Très nerveux, vifs, irritables et coléreux, ils ont souvent la main leste et ne se laissent pas manquer de respect ; ils savent assez bien se défendre par la riposte en paroles et par l'action.

Bons garçons quand on sait les prendre, toujours prêts à rendre service sans arrière-pensées, mais non à tout le monde, et parfois prometteurs ou donneurs d'eau bénite.

Amour-propre susceptible et chatouilleux ; si on le prend de haut avec eux, ils se regimbent aussitôt, deviennent *nets et cassants, malgré leur habituelle amabilité.* Très simples et d'un grand abandon dans l'intimité, sachant

se mettre à l'aise et vous mettre à l'aise, mais *au dehors
se redressent comme des coqs.*

Ils sont *sensibles, impressionnables* à l'excès, aimants,
sensuels et passionnés, ils plaisent aux femmes, mais *leur
sensualisme est très irrégulier,* il pèut cesser brusquement
avec une désillusion. Très peu jaloux, du moins cela ne
se voit pas.

Caractère souple, *rarement autoritaires, écoutant le pour
et le contre,* parfois très hésitants et inquiets, mais ayant
des idées personnelles bien arrêtées. *Hommes de devoir
qui peuvent devenir inflexibles* dès qu'il s'agit d'une con-
signe ou d'un ordre à exécuter.

*Calmes et pondérés en apparence, ils savent contenir leur
naturel vif et violent* même. *Travailleurs rapides* et cependant minutieux. D'une activité très grande, ils *dépensent
beaucoup de force cérébrale nerveuse et physique,* d'où sur-
menages fréquents, *volonté inégale, hauts et bas perpétuels
dans l'énergie, efforts extraordinaires et dépressions profondes.*

Généralement probes et honnêtes, d'une franchise qui
n'exclut pas la finesse et l'habileté en affaires. Regardant
moins leur intérêt immédiat que la réalisation d'une idée
ou que leur amour-propre, ils ne réussissent pas toujours,
malgré leur intelligence. Ils se laissent souvent duper.

Ils sont *facilement désabusés ;* la malchance brise leur
énergie morale et les rend hypocondriaques ou indolents
et apathiques.

Très indépendants de caractère, même *très jaloux de
leur indépendance,* ils ne portent pourtant pas généralement la culotte dans leur intérieur ; est-ce parce que la
femme exerce sur eux une grande influence ? je ne sais,
mais *on obtient tout d'eux pourvu qu'on ne les heurte pas*
ou qu'on ne les contrecarre pas continuellement.

En résumé, le caractère des Louis est *plein de contrastes
et d'inégalités.* Il déroute souvent l'investigation, d'autant

mieux que *leur physionomie est excessivement mobile*, restant soudain froide et réservée après avoir été très souriante.

Nom sympathique, dont l'activité peut s'exercer dans toutes les professions libérales ou commerciales.

Remarques : 1° Très souvent une fatalité mauvaise pèse sur les Louis, les empêchant soit de réussir, soit de parvenir aux sommets de l'échelle sociale ; j'en ignore la cause.

2° Souvent aussi de deux frères, dont l'un s'appelle Louis, c'est l'autre qui est l'homme d'initiative et marche le premier, alors que son frère Louis subit l'influence et marche après.

Physique : Tempérament *nerveux-sanguin-lymphatique. Peau moite et froide.* Teint mat. *Tendance à se voûter* même jeunes, bien qu'ils cherchent à ne pas perdre un pouce de leur taille, *yeux vifs et moqueurs.* Boivent assez facilement, du moins ils sont *fins gourmets et dégustateurs plutôt que gourmands.* Voix habituellement un peu sourde.

Écriture : *Vive, nerveuse, mouvementée, tourmentée, lettres inégales, pointes nombreuses,* souvent le corps de la lettre incliné et la signature redressée.

Noms connus : Louis Lépine. Herbette. Barthou. Le Gall. Français. Morin. Leloir. Tinayre. Aigouin. Delaunay. Figuier. Enault. Gallet. Rancoule.

Boccherini. Hérold. David. Agassiz. Niedermeyer. Saint-Simon. Galvani. Kossuth. Veuillot. Braille. Bourdaloue. D'Assas. Le brave Crillon. Le Camoëns. Beethoven.

Historique : Saint Louis. Le caractère des Louis est formé par la série des rois de France depuis saint Louis jusqu'à Louis XVI.

LOUISE

Un des noms les plus répandus de France, un des plus jolis et des plus sympathiques, car la *figure est gracieuse et le cœur dominant.*

Les Louise ont l'*intelligence vive et capricieuse*, l'imagination assez rêveuse.

Elles sont vives, nerveuses, *très sensibles, affectueuses, aimantes, mais de cœur faible.* Elles sont serviables, *bonnes et dévouées ;* elles ont les sentiments délicats, des *manières douces et gracieuses ;* elles aiment les attentions et les ménagements.

Elles sont *gaies et mutines*, avec un grand fond *de mélancolie sentimentale.*

Habituellement *sincères, confiantes* et *croyantes.*

Coquettes, mais jamais prétentieuses, au contraire simples. Elles aiment les jolies choses, la parfumerie, etc.

Elles ont la *volonté faible*, mais souvent de l'*obstination ;* leur *énergie* est *par accès ;* elles ont une tendance à la mollesse et préfèrent les travaux qui ne donnent pas de fatigue. Elles sont *très influençables*, et on les prend facilement par le cœur peut-être encore plus que par les sens.

Bonnes femmes d'intérieur, conviennent bien aux hommes qui s'occupent de travaux intellectuels ou absorbants.

Physique : Visage *rond, ovale court ; gracieux ; blondes* en général ; *corps bien fait*, ou, pour m'exprimer comme Brillat-Savarin, embonpoint classique qui est le charme des yeux et la gloire des arts d'imitation. Lune et Vénus.

Ecriture : *Très arrondie, vive et penchée.*

Analogie, avec le nom de Jeanne, mais moins personnelles.

Analogie avec Lucie et Alice, voir l'onomatologie comparée au nom d'Alice.

Noms connus : Louise Michel. Théo. Abbéma. Ackermann. Princesse Louise de Saxe, blonde névrosée.

Historique : Princesse de Lamballe, blonde douce et légère. Mademoiselle de Lavallière.

Louise de Marillac (Le Gras), fondatrice des sœurs de la Charité.

LUC

Nom fin et distingué.

Nom connu : Ollivier Merson.

LUCIE

Le nom de Lucie se rapproche sympathiquement de Louise ; souvent dans les familles deux sœurs s'appelleront l'une Louise et l'autre Lucie.

Les Lucie ont l'*intelligence assez profonde, réfléchie* ; elles peuvent s'occuper de choses intellectuelles.

Elles ont une *nature sensible, mais toujours contenue ;* aimantes et sensuelles que la tête refroidit, leur cœur n'est pas faible comme celui des Louise.

Habituellement *très franches.*

Caractère indépendant avec quelque caprice, *mais aussi femmes de devoir, volonté ferme et décidée ;* elles savent ce qu'elles veulent ; leur tenue n'a pas la grâce des Louise, mais elle est plus fière et plus *réservée ;* jamais mutines.

Tendance à la moquerie et à l'ironie.

Beau nom *sérieux et raisonnable.* Voir les détails complémentaires dans l'onomatologie comparée au nom d'Alice.

Physique : Visage régulier.

Diminutif : Lucette, nom plus léger.

LUCIEN

Le nom de Lucien donne *la force et la raison*, mais il est *d'idées essentiellement bourgeoises et positives avec des allures d'indépendance.*

Les Lucien ont *l'intelligence plus assimilatrice qu'originale*, des aptitudes pour toutes les professions ; des *idées peu élevées* et souvent peu libérales ; habituellement *gais et pleins d'entrain, moqueurs, ironiques, aimant la critique et la contradiction.*

Apparence aimable et bons garçons, mais *caractère vif*, *susceptible* et coléreux, ils ne sont pas toujours faciles à vivre.

Impressionnables et sensibles ; *sensuels et portés sur le beau sexe*, mais mobiles et changeants ; leurs *sentiments sont assez profonds*, mais manquent de noblesse ; ils pensent d'abord à eux-mêmes sans être absolument égoïstes ; ils ont *quelque peu de sans-gêne et de cynisme.*

Tenue correcte, amour-propre chatouilleux, assez infatués de leur mérite.

Franchise intermittente, un peu en dessous et méfiants.

Doués *d'énergie et de volonté*, essentiellement *positifs*, *très habiles à diriger leurs affaires, souples et cassants* selon les circonstances, sachant plier malgré l'indépendance qu'ils affectent de ne supporter aucune contrainte ; ne dépensant jamais mal à propos.

En résumé : c'est un nom sérieux, mais *sans grande originalité*. Les Lucien, malgré leur susceptibilité, peuvent faire de bons maris.

Physique : *généralement bruns ;* visage assez large et manquant de finesse.

Ecriture : appuyée, avec angles et pointes.

Noms connus : Lucien Descaves. Boyer. Fugère. Noël.

LUCIENNE

Joli nom qui dérive de Lucien et de Lucie, mais en plus léger, en plus gracieux.

LUCILE

Joli nom qui tient des Lucie, mais plus gracieux, et de sentiments plus expansifs. Volonté assez douce. Imagination rêveuse et distraite.

LYDIE

Nom romanesque qui donne beaucoup d'imagination, une grande *indépendance de caractère* et des goûts plutôt raffinés.

MADELEINE

Un des noms les plus intéressants pour une femme : type bien caractérisé par sa tenue fière, parfois dédaigneuse, et son fond sensible et bon.

Les Madeleine sont très *intelligentes ;* elles ont l'*imagination forte et curieuse*, les *idées fines et larges ;* elles sont *spirituelles, gaies et pleines d'entrain* avec un fond de mélancolie qui n'attend qu'une occasion pour se manifester. Elles peuvent s'occuper de choses intellectuelles.

Elles ont une *nature douce et sensible*, un *cœur excellent et généreux*, et la *dépense très facile.*

Aussi sentimentales que passionnées, leur tempérament ardent se cache souvent sous un extérieur froid, réservé ou dédaigneux. Leur *tenue* est plutôt fière, *décidée, peu timide.* Elles ont les *sens délicats et les goûts fins*, elles aiment les belles choses, les parfums et aussi leur farniente.

Est-ce l'influence de la première Madeleine de l'Évangile ?

Ce type est à surveiller vers la vingtième année, car *les Madeleine sont très indépendantes*, parfois inconséquentes, et de *cœur faible.*

Leur *énergie, intermittente,* suit leur extrême sensibilité ; leur volonté est forte, souvent autoritaire ; elles sont actives, ordonnées, avec des dépressions profondes et l'absence de sens pratique. Assez obstinées.

Ensemble très sympathique; fond sérieux, apparence parfois légère.

Physique : *Brunes en général* (celle de l'Évangile est représentée avec des cheveux blonds). *Visage agréable* et régulier; yeux vifs et spirituels, *front large, nez droit ou bourbonien,* jamais petit ou à la retroussette.

Écriture : *Arrondie avec mouvements anguleux, majuscules grandes, imaginatives et orgueilleuses.* Graphisme appuyé.

Sainte Madeleine. Constance, générosité.

Noms connus : De Scudéry. Mme de Lafayette. Madeleine Brés. Madeleine Lemaire.

MARC

Nom qui sort de la banalité ; il est bref et net ; *il donne de la force, de la décision, de la ténacité, un caractère original et entier.*

Noms connus : Lafont. Lapierre. Twain. Nattier. Anfossi.

MARCEL

Nom intéressant.

Les Marcel ont l'*intelligence pondérée ;* ils sont peu portés vers les nouveautés ou les choses abstraites, philosophiques et les rêves éthérés. Ils ont la *mémoire heureuse* et l'*ironie spirituelle*.

Leur nature est *douce, sensible,* leurs *manières aimables et conciliantes ;* ils cherchent peu à imposer leurs idées ; *bons garçons, gais et enjoués,* simples, se tenant correctement sans prétention ; amour-propre susceptible et vivacité, mais sachant se contenir.

Ils ont *bon cœur et bons sentiments ;* ils sont *affectueux* et de *tempérament sensuel normalement. Habituellement francs et loyaux,* avec de la finesse et de la souplesse dès qu'il s'agit de leurs intérêts ; *serviables* et pas égoïstes.

Ils ont la *volonté calme,* le *bon sens* pratique, ils sont *travailleurs et prudents,* mais ne sont pas incapables d'emballements qu'ils savent arrêter à temps ; spontanés et réfléchis à la fois, enthousiastes et positifs.

Ensemble du *caractère bon et sérieux.*

Physique : *Têtes rondes ;* en général bien en chair.

Noms connus : Marcel Prévost. Marcel Habert. Sembat. Marcel Baschet.

MARCELLE

Type de femme assez tranché par son indépendance de caractère et son esprit.

Les Marcelle sont *intelligentes, spirituelles* et d'imagination forte.

Elles sont *indépendantes* d'idées et de caractère ; leur allure est décidée, peu timide.

Leur tempérament sensuel et recherchant les attentions.

Leur volonté inégale, emballée, capricieuse et très positive à la fois.

Physique : Brunes ; figure ronde, fine et piquante.

Sainte Marcelle. Intelligente et lettrée.

MARCELLIN

Nom qui tient de Marcel ; il indique plus d'acquit et de travail que d'originalité ; une intelligence pondérée, du sens pratique, de la souplesse de caractère, des convictions faibles, mais un amour-propre susceptible et des idées arrêtées.

Noms connus : Berthelot. Marcelin Albert.

MARGUERITE

Nom fréquent dans toutes les classes, et *assez nettement déterminé.*

Les Marguerite ont *l'imagination vive* et variée, parfois rêveuse, mais qui ne les emporte jamais loin du positif. Elles aiment la causerie, la discussion, elles ont les goûts assez fins, et peuvent s'occuper de choses intellectuelles, mais elles ont de *l'obstination dans les idées.*

. Nature douce, malgré l'apparence ; *très sensibles et impressionnables, aimantes et sensuelles, aussi sentimentales que passionnées ;* attachements durables.

Habituellement *gaies, taquines et très moqueuses,* mais *enclines à la mélancolie et aux découragements, très vives, susceptibles* et pas toujours d'un commerce agréable. Fières plutôt que prétentieuses, tenue variable, tantôt correcte, tantôt indolente ; assez coquettes, *aimant à être admirées et aimées.*

Elles ont *du cœur,* elles sont *capables de grands dévouements,* serviables et généreuses bien que calculant leurs moindres dépenses et n'oubliant pas leurs petits intérêts.

Franchise très souple, *sens moral large ;* elles ne tiennent pas toujours ce qu'elles promettent.

Elles ont la volonté forte, *tenace* et *obstinée,* avec des moments de découragement qu'elles surmontent avec plus d'énergie qu'on ne croirait. Elles ont de l'ordre, malgré un certain laisser-aller dans l'intimité, de l'écono-mie, *beaucoup de sens pratique* et *de l'habileté à conduire leur barque.*

Physique : *Brunes* en général, figure animée, visage large.

Écriture : Arrondie avec angles, étroite et pointue, *grasse et inclinée.*

Histoire : La reine Margot. Marguerite d'Orléans ou la Marguerite des Marguerite, et d'autres nombreuses. Marguerite de Bonnemain.

MARIE

Le nom de Marie est *un de ceux qui caractérisent la Française,* qu'elle soit blonde, châtaine ou brune. *C'est le nom national.* Les femmes de la campagne ne ressemblent pas à celles de Paris, mais elles ont *le même fond de douceur, de calme, de tendresse, de mélancolie, de volonté soumise.*

Les Marie ont le cerveau un peu rêveur, elles ont l'in-telligence ouverte sans être profonde.

Elles sont très *sensibles, affectueuses, dévouées ;* chez elles le cœur domine. Leur cœur est faible et cependant elles sont rarement passionnées. Elles ont le fond simple, qui n'exclut pas la coquetterie, l'amour des jolies choses et des plaisirs. Elles *aiment plutôt le calme que l'agitation ;* elles sont *peu aptes au commandement, plutôt soumises et conciliantes.*

Leur travail est lent, patient ; elles sont très pratiques, mais leur *énergie est faible.*

Les Marie sont d'une grande variété par cela même qu'elles sont plus nombreuses, et leur caractère a moins de relief que celui de Jeanne, autre nom national.

Ensemble du nom sérieux et sympathique.

Remarque : Malgré leurs situations ou leurs qualités, les Marie sont rarement très heureuses ; elles ne sont pas nées chançardes. Subissent-elles en cela une influence, vieille de vingt siècles, qui les condamne à un rôle effacé ? « Femme, qu'y a-t-il de commun entre vous et moi » ? a dit le Christ à sa mère.

La Vierge est aussi appelée *Stella maris*, étoile de la mer. Les Marie ont-elles pris à la mer sa mélancolie, son rêve, sans ses bouleversements.

Myriem ou Marie veut dire aussi : mer d'amertume.

Et, antithèse prodigieuse, nous avons édifié des millions d'autels à la Vierge-mère, à la Vierge martyre, restée le symbole de la femme dans tous les temps.

Noms connus : Très nombreux. Daniel Stern. Mme de Sévigné.

Histoire : Marie Stuart. Marie Tudor. Marie de Médicis, etc.

Du nom de Marie dérivent des COMPOSÉS dont la signification s'éloigne parfois beaucoup du nom radical :

Maria, dont nous donnons plus loin une monographie à part.

Marie-Anne, Marianne, Marie-Thérèse, Marie-Louise, Marie-Antoinette. Dans ces cas de noms composés, généralement le nom de Marie s'efface pour ne laisser subsister que le caractère du second nom.

Parfois la syllabe finale est modifiée ; ainsi *Mary* avec un *i* grec élargit la personnalité du nom de Marie, lui donnant quelque chose de bizarre, *d'original, d'indépendant et de voulu.*

Parfois aussi ce nom de Marie se donne aux hommes, soit seul, soit accompagné d'un autre. Dans ce dernier cas, c'est toujours l'autre nom qui domine ; ainsi : Jean-Marie, caractère de Jean.

MARIA

Nom caractéristique par trois points :

1° *Imagination mouvementée, mobilité extrême d'impressions,* bien rendues par une écriture toujours à lettres inégales.

2° *Bon cœur et serviabilité.*

3° *Vivacité.*

Les Maria ont l'intelligence ouverte, l'*imagination mouvementée, originale ;* un cerveau nuageux, préoccupé ; des *enthousiasmes rapides,* de la crédulité, mais peu de profondeur dans la pensée.

Naturel très vif, sensible, impressionnable; moments d'emballement et d'emportement ; instants difficiles, mais vite passés et oubliés.

Affectueuses et sensuelles, attachements profonds et *grands dévouements* malgré la mobilité des idées et des impressions. *Cœur excellent, généreux et serviable,* mais dépenses réglées.

Franches et sincères, apparence froide et *peu communicative,* expansives dans l'intimité et d'un *laisser-aller charmant.*

Malgré leur amour-propre et leur indépendance de caractère, elles sont *conciliantes,* et se plient facilement sous une autorité.

Quelque peu *coquettes* et libres d'allure, mais sérieuses malgré tout.

Tendance à la mélancolie et à la tristesse.

Volonté inégale, hauts et bas dans l'énergie et l'*activité, aimant à la fois le mouvement et le repos ;* elles ont beaucoup de *sens pratique et d'habileté* dans la conduite de leurs affaires.

Ensemble sympathique et assez original.

Physique : *Brunes* en général ; yeux vifs.

Écriture : *Lettres perpétuellement inégales, grandes majuscules, graphisme appuyé, arrondi, rapide.*

MARIE-ANNE — MARIANNE

Comme le nom d'Anne, autant de douceur et de bons sentiments, mais moins de distinction et moins de fermeté.

MARIE-ANTOINETTE

Caractère des Antoinettes atténué par le nom de Marie.

Type : La reine Marie-Antoinette.

MARIE-LOUISE

Joli nom. Caractère des Louise.

MARIE-THÉRÈSE

Caractère vif et passionné des Thérèse.

Noms connus : Marie-Thérèse d'Autriche. Mme Geoffrin.

MARIUS

Nom méridional qui dénote une certaine prétention, un *esprit superficiel et moqueur,* du *sens pratique,* de *l'assimilation et de l'habileté.*

Noms connus : Marius Decrespe. Tournadre.

MARTHE

Un des meilleurs noms à tous les points de vue.

Les Marthe sont *intelligentes ;* elles ont l'imagination rêveuse en même temps que très positive, presque terre-

à-terre ; *l'esprit curieux, moqueur et légèrement sceptique.*
Elles sont idéalistes ou mystiques en même temps que très
sensuelles ; *elles aiment à causer,* à s'instruire, *l'esprit toujours en éveil,* mais elles ont les *idées arrêtées* et *suivent
un caprice ou une idée avec une obstination rare.*

Nature douce, molle et sensible ; manières aimables, ave-
nantes, *cherchant à plaire et plaisant beaucoup ; coquettes*
sans jamais être prétentieuses, aimant les compliments et
les attentions ; tenue simple en apparence ;

Amour-propre très susceptible ; caractère inégal, nerveux,
pas toujours facile ; tantôt très peu communicatives et
réservées, tantôt très *provocantes ;* toujours très *indépendantes,* aimant agir d'après elles-mêmes ; mais l'amour du
devoir les retient en partie sur la pente de l'inconséquence. *Très peu timides, sûres d'elles-mêmes, décidées,
promptes à la riposte,* en un mot TRÈS COMBATTIVES.

*Affectueuses, sensuelles et passionnées ; affections pro-
fondes et s'attachant difficilement ; toujours prêtes à rendre
service, cœur excellent et dévoué.*

Habituellement franches et sincères.

Gaies et mutines, pétulantes et capricieuses, avec un
fond de mélancolie et de pessimisme qui s'accentuent au
moindre ennui.

Volonté inégale, souvent absolue et obstinée. Elles
sont *molles ou apathiques, actives et énergiques selon les
moments ;* elles aiment cependant mieux aller leur petit
train sans efforts violents. *Tendance au laisser-aller. Elles
sont adroites et savent assez bien diriger leurs affaires
comme celles des autres.*

Ensemble sérieux, sympathique et jamais banal.

Type de femme des plus séduisants.

Particularité : Les Marthe, avec leur *tempérament sanguin et névropathe,* sont de bons *sujets magnétiques, très
influençables,* et somnambules au besoin. La fréquence

des Marthe médiums a même attiré une remarque dans l'*Echo du merveilleux*.

Physique: *Brunes en majorité et tirant sur le châtain. Figures rondes et mutines de lunariennes* ; jolis yeux, sourire agréable, taille bien faite ; *teint mat et peau humide* ; *allure décidée et provocante*, même quand elles semblent réservées ; *jamais de nez bourbonien* comme chez les Madeleine.

Toutes les Marthe se ressemblent avec leur *figure ronde et animée.*

Atavisme: Quel bel exemple de fatalité que cette figure charmante de Marthe, sœur de Madeleine ! Marthe toujours en mouvement, active, s'occupant de tout, alors que sa sœur Madeleine, plus fine, restait à contempler le Christ, ayant peur de se salir les mains. Marthe, moins considérée que sa sœur, en a toujours conservé un fond de mélancolie pensive, exempte cependant de jalousie et de méchanceté.

Les Marthe ne se laissent jamais emporter par les rêves de l'imagination et du romanesque pur ; *si elles paraissent rêveuses et distraites, elles sont avant tout très positives ;* de même elles peuvent être mystiques et très sensuelles, les deux mêmes formes du sensualisme.

MARTIN

Nom qui donne du bon sens au caractère, de la mobilité, de la souplesse, de l'habileté, mais d'assez bons sentiments.

Noms connus : Martin Luther. Saint Martin.

MATHIEU

Nom sérieux ; *intelligence pondérée, profonde* ; bon sens ; sincérité.

Noms connus : de Dombasle. Frère Philippe.

MATHILDE

Les Mathilde ont *l'intelligence lente* ; *les idées* sans élévation *restent dans le domaine matériel. Cerveau bizarre et parfois déséquilibré* ; tendance à l'ironie et à la moquerie; causent facilement et se livrent naïvement.

Nervosisme spécial nonchalant, hystériforme ; susceptibilité, caractère pas toujours agréable, mais au fond bonnes *personnes, ayant du cœur* et ne regardant pas à la dépense.

Affectuosité sensuelle.

Indépendance de caractère, *sens moral vague ; coquetterie*, amour des plaisirs ; *goûts communs.*

Volonté obstinée ; peu d'énergie, mouvements lents et indolents ; *laisser-aller.*

Ensemble original. Nom que je ne conseille pas ; il prédispose à l'hystérie ; les Mathilde peuvent être de *bons sujets magnétiques.*

Physique : *Brunes* en général. *Figure ronde* assez gracieuse, *traits effacés et lourds*, bas du visage *empâté* ; beaux yeux, *front bombé*, belles formes, tempérament névrosé.

Écriture : *Arrondie, molle, épaisse.*

Sainte Mathilde. Charitable.

Noms connus : Princesse Mathilde Bonaparte. Mathilde Serao.

MAURICE

Les Maurice ont une intelligence peu imaginative ; des aspirations vers les choses élevées, mais leur *tempérament matériel et sensuel les retient toujours à terre.* Ils aiment les choses nettes, *ils se rendent compte de tout* sans être sceptiques de parti pris ; *peu aptes aux sciences d'observation ou d'intuition pure.* L'air parfois distrait et rêveur, ou ironique, mais n'approfondissant pas assez les choses.

De nature assez impressionnable, ils savent se dominer ; très doux avec *accès d'emportement, emballés à froid, très peu communicatifs, concentrés même, se liant peu,* mais devenant charmants dans l'intimité, combattant leur fond un peu rude et *tout d'une pièce,* et *donnant* ainsi *parfois l'illusion de la grâce et du raffinement.*

Affectuosité sensuelle et rarement passionnée, car la tête domine le cœur et les sens. Leur dévouement est raisonné, et leurs *attachements profonds.*

Habituellement francs, peu diplomates ou intrigants. Jaloux de leur indépendance, n'aimant pas être conseillés.

Orgueilleux et conscients de leur valeur ; *tenue très correcte et distinguée, démarche assurée et peu timide.*

De volonté moyenne, mais *résolue, souple et tenace ;* rarement autoritaires, mais *souvent nets et tranchants :* ambitieux cachés, ils arrivent à ce qu'ils veulent, car ils sont actifs, travailleurs, *énergiques et positifs.*

Ensemble bon et solide. Il y a dans ce caractère des Maurice un contraste frappant entre leur fond matériel et tout d'une pièce et leur apparente délicatesse d'idées et de manières.

Physique : *Assez belle carrure ; visage un peu fort, surtout par le bas. Tempérament sanguin-nerveux.*

Noms connus: Maurice de Saxe. Général d'Elbée. Maurice Donnay. Mæterlinck. Dejean. Barrès. Charnay. Mars. Montégut. Bouchor. Boutet de Monvel. Féraudy. Faure. Rollinat. Guillemot. Berteaux. Dr Eliot.

MAX

Nom peu donné ; caractère à la fois doux et violent, souple et dur ; tempérament sensuel ; aplomb et confiance en soi-même.

MAXIME

Bon nom ; idées assez fines en même temps que positives. Assez bon caractère.

Noms connus : Maxime Decamps.

MAXIMILIEN

Nom très rarement donné, mais cependant très intéressant.

Il donne l'affabilité, de bonnes manières ; un esprit
juste et droit ; du courage et de la fermeté, de la confiance
en soi-même.

Une volonté égale, persévérante.

Historique : Maximilien de Robespierre. L'empereur
Maximilien.

MÉDARD

Nom qui donne de la douceur, de la souplesse de caractère et de la mobilité. Un peu douteux.

MÉLANIE

Les Mélanie sont des *femmes de tête, travailleuses* et
aptes à diriger. Elles ont de la ruse et de l'habileté.

Affectueuses et *sensuelles.* Bon cœur, mais mesurant
toutes leurs dépenses.

Peu communicatives, sachant cacher leurs impressions
et leurs pensées.

Physique : *Brunes en général, figure large.*

Écriture : Lente et épaisse.

MICHEL

Les Michel ont une forte imagination, un *cerveau original et assimilateur*. Ils aiment l'étude et *approfondissent*
les choses.

Sensuels et passionnés, portés sur le beau sexe, mais
irréguliers, *capricieux et mobiles*.

Natures concentrées, peu expansives, assez difficiles à
définir. *Orgueil* intime très grand. *Franchise très souple*.

Volonté forte, rarement autoritaire ; ils ont *de l'aplomb,
de la sûreté de soi-même*, de l'énergie, *du sens pratique*, et
savent tirer parti des choses et des gens.

Ce nom est rarement nul, mais il est sujet aux bizarreries. Je ne puis nettement les déterminer, ont-ils plus de
fond que d'apparence ? c'est un nom que je ne conseille
pas beaucoup ; il est de convictions indépendantes.

Noms connus : Michel Corday. Lagrave. Bréal. De Tar-
nowsky. De Champourcin. Munkaczy. Bakounine. Che-
vreul (Michel-Eugène). Michel-Ange. De l'Hospital. Servet.
Maréchal Ney. Faraday. Montaigne. Cervantes.

Physique : *Les Michel ont tous la figure large* et une
apparence forte.

NATHALIE

Nom original et assez bon.

NICOLAS

Nom très bon qui se donne peu dans les hautes classes,
excepté dans certains pays comme la Russie.

Il donne une intelligence assimilatrice, une imagination forte, un *cerveau assez profond et des idées claires*.

Des *manières aimables*, mais une réserve peu communicative. *Une certaine franchise mêlée d'habileté*.

Une *volonté suivie, calme, mais peu énergique.*

Les Nicolas sont *doux, sensibles, affectueux, bons et serviables.*

Ils ne sont pas toujours heureux.

SAINT NICOLAS. Modeste, charitable, studieux, insinuant.

Noms connus : Boileau. Copernic. Machiavel. Berryer. Malebranche. Piccini.

OLIVIER

Nom qui donne des qualités actives, positives et un caractère souple.

Noms connus : Cromwell. Olivier le Dain. Olivier Pain.

OLYMPE

Nom assez rare : il donne de *l'orgueil, de l'intelligence, de l'énergie et beaucoup de savoir-faire.* Les femmes qui portent ce nom ne sont *jamais nulles,* mais elles ont des idées très exclusives.

Noms connus : Olympe Audouard. De Gouges.

PASCAL

Bon nom, rarement banal.

PAUL

Un des noms français les plus répandus, un des plus intéressants, *un des plus caractéristiques* par certains côtés.

Les Paul ont *l'intelligence vive,* l'imagination distraite et rêveuse, l'esprit rapide et la mémoire heureuse ; *des idées* fines, mais sans grande largeur, *très exclusives* et *souvent très obstinées*. Ils ont des aptitudes variées, mais *plus perceptifs qu'intuitifs, aimant la précision et la netteté,* ils sont *portés vers les choses exactes et positives. Moqueurs, taquins, l'ironie toujours prête à jaillir,* la réplique assez facile, *causeurs agréables. Activité cérébrale très grande, mais peu de pensée ; cerveaux bizarres, fantasques,* pas toujours bien équilibrés, *dominés par le caprice plutôt que par la raison.*

Naturel doux, sensible, mais impressionnables à l'excès ; *grande vivacité sous un calme apparent,* presque froid, mais *toujours prêt à partir et à s'emballer.* Ils sont *enclins aux coups de tête, c'est une dominante de leur caractère.* Malgré cela, prudents ou plutôt *méfiants, méticuleux* jusqu'à des riens et soupçonneux, aimant l'ordre sans pouvoir toujours l'obtenir, car ils sont *capricieux et mobiles.*

Hauts et bas continuels dans l'action, obstinés et opiniâtres dans leurs idées lorsqu'ils ont adopté une ligne de conduite bien arrêtée, car ils sont *sujets aux volte-face rapides, soudaines et déconcertantes.*

Actifs et travailleurs, ou bien mous et indolents, méticuleux jusqu'à des riens *ou bien négligents,* ils *réussissent généralement* dans leurs affaires, car ils sont *positifs et intelligents.*

D'un amour-propre chatouilleux, parfois poseurs, ou bien simples jusqu'au laisser-aller ; de *manières aimables* et avenantes et de *tenue raide et fière ;* ils *aiment à être considérés,* aussi les voit-on tenir leur place dans les hautes et petites sphères comme présidents de sociétés.

Ils ont un *caractère indépendant,* toujours prêt à s'échapper des entraves de toutes sortes, ils ne veulent pas être brusqués ; parfois nets et cassants, ils sont pourtant *très peu autoritaires,* savent plier et se glisser conciliants : ils ont des idées arrêtées, mais jamais absolues.

Ce caractère n'est que *contrastes.* Les Paul sont vifs,

spontanés, emballés, susceptibles, coléreux, irritables, *tantôt pleins d'entrain et de gaieté, tantôt taciturnes et pessimistes.* A la fois *francs et en dessous, expansifs ou renfermés jusqu'au mutisme, méfiants et très confiants, naïfs et rusés.*

En tout, c'est l'imprévu d'une tête vive. Ils aiment l'argent, calculant tout, et à certains moments ils dépenseront sans calculer, avec une insouciance extraordinaire, pourvu que leur *fantaisie* soit satisfaite.

De nature affectueuse, de *tempérament sensuel* et portés sur le beau sexe, *sincères dans leurs affections,* mais caractère bizarre, ils *s'attachent difficilement ;* boudeurs sans être très jaloux. *Bons garçons, serviables, capables de se dévouer ;* ils ont la réputation d'être d'un bon naturel et d'avoir du cœur.

Le nom de Paul plaît beaucoup ; il est court, distingué, mais il est souvent insaisissable dans ses brusques sautes de caractère, ses contrastes les plus imprévus. Qui les voit si calmes et si corrects habituellement ne se doute pas de leurs bizarreries cérébrales et de leur vivacité.

Nom qui réussit en général et que je recommande beaucoup.

Origine : Voir ce que j'en ai dit dans la Préface. Saint Paul a influencé tous ceux qui l'ont suivi : belles paroles, esprit ardent, rapide, superficiel, sachant s'organiser et se tirer d'affaire, aimant non commander, mais représenter. Ennemi ardent de l'Église chrétienne, et, par sa *conversion subite,* apôtre non moins ardent.

Physique : *Tête ronde,* peau rose et rouge, *tempérament sanguin-nerveux ; mouvements brusques et saccadés* (c'est une de leurs caractéristiques physiques), *prédisposition aux maladies de cœur et à la paralysie partielle.*

Écriture : *Petite* (presque toujours), *rapide, nerveuse, saccadée, arrondie, grasse, à pointes nombreuses, lettres* *serrées* et sobres, *lignes et mots espacés,* quelques majuscules grandes, *surtout le P de Paul.*

Analogie : Tiennent beaucoup des Émile par certains points, avec différences énormes par d'autres. (Émile Deschanel et son fils Paul Deschanel.)

Autant les Émile sont en dehors et se mettent toujours en avant, autant les Paul sont en dedans et savent attendre l'occasion. Si la mobilité des Emile est continuelle et normale, elle arrive à l'improviste chez les Paul qui s'acharnent après une idée, changent brusquement sans réflexion et suivent une autre idée avec non moins d'acharnement.

Histoire : Les Tsars de Russie. Véronèse. Scarron.

Noms connus : Paul Deschanel. Doumer. Peytral. Escudier. Baudry. Arène. Hervieu. Eudel. Margueritte. Adam. Clerget. Selmersheim. Berger. Berton. Burani. Sain. Fugère. Leroy-Beaulieu. Mounet. Ginisty. Président Magnaud.

PAULE

Tient beaucoup du nom de Paul, *grande indépendance de caractère.* Tient aussi du nom de Pauline.

PAULETTE

Nom moderne, léger, gracieux, qui donne de la gentillesse sans force de volonté ni d'intelligence, de la coquetterie, de *la fantaisie,* de la susceptibilité. *Bonnes personnes et sympathiques.*

PAULIN

Nom dérivé de Paul auquel il ressemble, mais en plus pondéré, plus assis.

Noms connus : Paulin Menier. Méry.

PAULINE

Nom intéressant qui tient des Paul par certains *côtés bizarres du caractère et du cerveau*.

Personnes intelligentes, spirituelles, moqueuses, aux idées originales, à l'*imagination rêveuse et distraite*.

Nature douce et molle, sensible et affectueuse, besoin d'affection, *assez sensuelles*, passionnées, névropathes et s'attachant fortement.

Mais *caractère indépendant*, sens moral assez large et capricieux.

Volonté inégale, énergie par accès ; obstination extraordinaire dans les idées. Habituellement calmes, posées, travailleuses ; tendance à l'indolence et au laisser-aller.

Physique : *Visage plutôt large*, mais gracieux ; front bombé.

Écriture : Arrondie, lente, grasse, irrégulière.

Histoire : Pauline Bonaparte.

PHILIPPE

Nom intéressant.

Les Philippe ont l'intelligence moyenne, mais active et studieuse.

Ils sont *doux de caractère, affectueux ; peu expansifs et souvent très fermés*.

Travailleurs, entreprenants, doués de sens pratique, mais peu autoritaires ni audacieux.

Saint Philippe. Travailleur zélé, doux, obéissant.

Noms connus : Philippe de Champaigne. Mélanchton. De Commines. Quinault. Philippe d'Orléans. De Massa. Crozier. Ricord.

PIERRE

Un des plus beaux noms que je puisse recommander ; c'est un de ceux qui ont reçu la plus forte empreinte de la fatalité.

Les Pierre ont *l'intelligence facile*, mais peu rapide, *les idées nettes, le cerveau pondéré*, l'imagination toujours maintenue dans les limites par la *réflexion ; ils raisonnent* et sont libéraux. Leurs *idées fines et artistiques* en font des *esthètes et des raffinés :* ce nom se rencontre beaucoup dans les grandes familles et chez les artistes. Ils ont de plus *le goût inné de la méthode, de la symétrie, de l'organisation.*

Ils sont *sensibles, doux et conciliants*, sérieux et réfléchis ; *ils s'emballent rarement*, bien qu'ils ne restent pas indifférents aux manifestations de toutes sortes ; ils savent contenir leur vivacité, voire même leur violence, qui n'éclate qu'à de rares intervalles ; *ils mesurent leurs gestes et leurs paroles.*

Affectueux et sensuels, mais *rarement passionnés, ils plaisent beaucoup aux femmes*, car ils ont *quelque chose de séduisant dans les manières et les paroles;* ils sont aimables et distingués : la femme a sur eux beaucoup d'empire, bien qu'ils affectent souvent envers elle l'indifférence et la froideur.

Ils sont *constants dans leurs affections et dans leurs amitiés, c'est une de leurs caractéristiques les meilleures ;* égoïstes et dévoués tout à la fois, rendant service quand on les en prie, mais ne l'offrant pas d'eux-mêmes, car ils sont peu communicatifs.

En général, *francs et sincères, amis sûrs* et discrets, rarement de mauvaise foi, hommes de devoir ayant le *fond honnête et loyal* et ne se prêtant pas facilement à l'intrigue ; mais, comme leur patron saint Pierre, ils peuvent fléchir pour revenir toujours, mais leur manque d'énergie morale les place parfois dans des positions sans issue.

Simples, rarement infatués de leur personne, ils aiment cependant la considération, ils ont *conscience de leur valeur* et ont l'amour-propre chatouilleux ; ils sont parfois susceptibles.

De *volonté égale*, jamais violente, plutôt *tenace, patiente, persévérante*, opiniâtre quand ils sont intelligents, entêtés lorsqu'ils sont inférieurs, ils peuvent entreprendre des travaux de longue haleine.

Ils savent diriger, organiser surtout, ils sont *prudents, défiants même*, parfois pessimistes, ce qui refrène leur audace; *ordonnés et consciencieux*, ils ont du *calme, du sang froid*, de la présence d'esprit ; rarement autoritaires dans l'action, plutôt conciliants et accommodants. Leur énergie n'est pas constante ; ils sont souvent indolents, ce qui explique certaines de leurs faiblesses et défaillances. Ils ne manquent pas d'*habileté pratique, de courage et d'aplomb*.

Fond de gaieté, d'entrain charmant, *moqueurs et ironiques*.

Ils sont rarement méchants.

Il y a chez eux un contraste curieux : leurs idées et leurs goûts sont raffinés, alors que trop souvent leurs paroles sont vulgaires, et leur *sens moral très large*.

Les Pierre sont plutôt nés sous une bonne étoile, ils doivent réussir.

Ayant un *talent extraordinaire d'organisation*, ils ont leur utilité sociale à ce sujet, comme les Émile ont leur utilité sociale par leur mobilité et leur activité vulgarisatrice.

Ensemble du *nom excellent*.

SAINT PIERRE, après avoir renié trois fois son maître, est devenu la pierre angulaire et l'organisateur de l'Église; il avait les qualités de l'esprit, la pondération, l'érudition et la langue d'or.

Écriture : *Très arrondie*, tenue, *peu inclinée* ou tourmentée, jamais emballée, *grasse et appuyée*, lettres souvent inégales.

Physique : Visage agréable et plaisant.

Noms connus : Pierre Puget. Delorme. Valence. Lescot. Nepveu. Bonneuil. De Montereau. Fain. Franqueville. Cortone. Mignard. Subleyras. Brantôme. Charron. Lachambaudie. L'Arétin. Gassendi. Bagration. De Brazza. Puvis de Chavannes. Denis. Giffard. Baudin. Valdagne. De Nolhac. Selmersheim. Lelong. Dr Sebileau.

Historique : Le moyen âge, ou triomphe de la pierre taillée, abonde en artistes et architectes du nom de Pierre.

Pierre d'Artaignan, mousquetaire aussi courageux que prudent. Pierre le Grand, organisateur de la Russie. Le moine Abailard.

PROSPER

Nom qui dénote un *esprit lent, minutieux*, des qualités *pratiques* et bourgeoises, avec une imagination assez nuageuse. *Amour-propre suffisant.*

Noms connus : Mérimée. Le père Enfantin.

RAOUL

Nom de roman. Il donne des convictions mobiles, mais d'assez bons sentiments.

RAPHAEL

Joli nom ; il donne une *grande douceur de caractère ; c'est sa dominante.*

La volonté, les convictions, l'énergie sont *faibles ;* il y a beaucoup de cœur, de *bons sentiments* et *des goûts fins.*

Noms connus : Rafaël Sanzio. Raphaël Collin. Viau. Dʳ Blanchard.

RAYMOND

Ce nom donne une *intelligence positive et raisonneuse,* plus acharnée que prompte à comprendre les choses. Aptitudes aux choses exactes.

Caractère susceptible ; *violence sous un extérieur calme et froid.* Franchise souple.

Volonté opiniâtre.

Noms connus : Raymond Lulle. Raymond. Poincaré.

RENÉ

Un des noms les plus caractéristiques par ses qualités pondérées.

Intelligence ouverte et assimilatrice ; raisonnement facile, imagination rassise ; cerveau pondéré, sceptique par manque de profondeur dans la pensée, mais *libéral* par convictions faibles. Les René aiment la *netteté en toutes choses.* Leurs idées sont plus étendues que profondes, ni fines ni vulgaires. *Très moqueurs.*

Ils ont une *nature calme, sachant mesurer leurs gestes comme leurs paroles,* de la vivacité et de la violence qui n'aboutissent que rarement : à quoi bon se donner de la peine ? *Manières polies, aimables;* ils sont rarement prétentieux, plutôt simples ; bons camarades, *assez francs,* mais peu expansifs ; serviables tout juste, car *sans être égoïstes ils songent d'abord à eux-mêmes.*

Ils ont le *tempérament sensuel* et porté sur le beau sexe.

Leur *volonté* est *faible,* mais *patiente et persévérante ;* ils sont *ordonnés, minutieux, pratiques et positifs avant tout* et mesurant leurs moindres dépenses ; jamais autoritaires, au contraire *conciliants* et s'adaptant aux événements ;

peuvent faire d'*excellents diplomates*, habiles et de sens moral très indépendant.

Flegmatiques, emballés à froid, très peu timides, ayant confiance en eux-mêmes ; novateurs en paroles, mais assez routiniers dans leurs actes : *chez eux la raison domine* le cœur et les sens.

Ils ont de l'entrain et de la bonne humeur.

Ensemble sympathique.

Écriture : *Arrondie, peu inclinée, régulière, o et a fermés,* pointes de moquerie et de scepticisme, majuscules basses.

Noms connus : Waldeck-Rousseau. Goblet. Chauvin. Viviani. Pont-Jest. Ponthière. Lelong. Doumic. Lamare. Ménard. Bazin. Maizeroy. De Boylesve. Vallery-Radot. Luguet. De la Boulaye. Bérenger.

Descartes. Duguay-Trouin. Caillié.

RENÉE

Joli nom, léger, vif et sentimental.

Les Renée ont l'*intelligence vive, les idées nuageuses, fines,* et peu de profondeur dans la pensée.

Elles sont *aimantes, sentimentales plus que sensuelles ;* elles ont une grande délicatesse de sentiments, *bon cœur,* mais le *sens moral assez vague.*

Habituellement gaies et gracieuses, mais *très sensibles* et enclines aux idées tristes.

Caractère décidé, volonté capricieuse, grande vivacité, *étourderie ; idées obstinées ;* peu de sens pratique et d'économie.

Ensemble gentil, mais manquant d'énergie et de relief.

Physique : Visage large et gracieux.

RICHARD

Nom anglais peu commun en France.

Il donne une *imagination forte, des qualités de cœur,*

mais une franchise et un *courage moral assez faibles ;* un *amour-propre très susceptible.*

SAINT RICHARD. Étude, sciences, bonté.

Noms connus : Wagner. Strauss. Wallace.

ROBERT

Nom curieux : ce *qui domine dans ce caractère, c'est l'apparence froide et peu communicative,* une concentrativité extraordinaire. Les Robert sont *orgueilleux,* un peu poseurs, mais au fond ce sont de bons garçons qui se laissent aller dans l'intimité, sont même alors blagueurs, moqueurs et expansifs. Idées originales mais sans profondeur.

Assez flegmatiques ; violents et coléreux à froid ; ils ont *confiance en eux-mêmes* et de l'aplomb.

Tempérament sensuel. Sensibilité qui se manifeste peu au dehors. *Franchise souple,* mêlée de confiance et de finesse.

Volonté tenace, rarement autoritaire. Très *indépendants de caractère* et *assez positifs.*

Écriture : *Arrondie,* lente et *peu inclinée, grasse.*

Noms connus : Robert de Flers. de Montesquiou. De Bonnières. Planquette. Robert Mitchell. Dr Koch.
Robert de Luzarche. De Coucy. Surcouf. Fulton.

RODOLPHE

Nom élégant, un peu prétentieux et romanesque. Il donne de l'*imagination,* une belle tenue, de l'*amour-propre, un sensualisme marqué,* et de l'*indépendance de caractère et d'idées.*

ROGER

Nom peu banal que l'on commence à donner dans les classes élevées. Il donne des qualités positives.

ROLAND

Nom bien peu donné et cependant *à recommander.*
*Imagination romanesque : bons sentiments, entrain et
gaieté, fierté, de l'activité et des manières aimables.*

Noms connus : Le prince Roland Bonaparte.

Historique : Le paladin Roland, neveu de Charlemagne.

ROMUALD

Nom doux et souple. Il donne de l'imagination, une
énergie faible, peu de convictions, un *tempérament sensuel,*
et de l'activité.

SAINT ROMUALD, fougue des passions.

ROSE

Nom gracieux qui a plus de charme que d'énergie.
Les Rose sont *intelligentes et spirituelles.*
Elles ont un *grand fonds de douceur, mais* elles sont *susceptibles. Bonnes personnes, affectueuses, aimantes, dévouées,
mais sans passion,* car chez elles le calme et *la raison
dominent.*

Indépendantes de caractère, quelque peu indifférentes,
tenue fière et réservée, mais *manières aimables et gracieuses;* peu timides, au contraire *assez décidées.*

Graves ou enjouées selon les moments, enclines à la
mélancolie, à la nonchalance et aux découragements.
Assez coquettes.

Volonté égale, calme et persévérante, obstination.
Ensemble sympathique.

Physique : Visage ovale et gracieux, mais un peu
mélancolique. Les Rose ne sont pas toujours heureuses.

Noms connus : La Dugazon. Rose Caron. Delaunay.

ROSA

Rosa vient de Rose. L'*a* final donne au caractère de la bizarrerie, de l'imagination et surtout beaucoup d'*indépendance de caractère*.

Bonnes personnes, affectueuses, douces, un peu molles, mais cependant ayant de la volonté, de l'énergie.

Moins de susceptibilité que les Rose.

Noms connus : Rosa Bonheur (Rosalie).

ROSALIE

Nom moins fin que Rose ou Rosa, mais intéressant quand même. Il donne plus de fond que d'apparence et des qualités positives.

ROSINE

Vient de Rose. Nom coquet, pimpant, qui donne du sens pratique, de la souplesse de caractère et une certaine finesse d'esprit.

SÉBASTIEN

Nom peu donné, et cependant des plus *sérieux*.

Il donne de l'*ardeur*, de la mobilité, de l'*audace et de l'indépendance de caractère*.

Les Sébastien ont du cœur en général, de *bons sentiments* et un *sensualisme marqué*.

Convictions assez fortes.

Noms connus : Sébastien Faure. Boudon. Bach. Érard. Vauban.

SERGE

Nom peu commun en France.

Il donne de la sensibilité, de l'impressionnabilité, mais

il est *influençable* et d'énergie faible. Assez bons sentiments.

SIDONIE

Nom qui n'est pas banal, mais que je ne conseille jamais.

Positivisme dominant. Intelligence, mais *sens moral très large.*

SIMON

Nom qui donne des qualités sérieuses et positives, mais qui est cependant peu sûr ; le caractère est souple.

SIMONE

Nom moderne qui donne une grande imagination, de *l'indépendance de caractère et d'idées,* des manières gracieuses, mais de la prétention. Ce nom a un petit cachet artistique et littéraire.

Noms connus : Simone Arnaud.

SOPHIE

Nom rarement donné, plus fréquent jadis.

Les Sophie ont des *qualités sérieuses, une intelligence large et ouverte.*

Ce sont des *femmes de tête et de valeur.*

Noms connus : Sophie Arnould. La mère de Victor Hugo. La Sophie de Mirabeau.

Roman : Donné dans les romans comme type de sagesse, savoir, intelligence, ce qui est juste.

STANISLAS

Nom peu répandu, mais *excellent*.

Il donne des *qualités* de cœur, un fond d'intelligence sérieux, du calme et de la fermeté.

SAINT STANISLAS : douceur, modestie.

Histoire : Stanislas, roi de Pologne, duc de Lorraine.

SUZANNE

Caractère des mieux définis à deux ou trois points de vue.

Les Suzanne ont l'*intelligence facile et superficielle ;* l'*imagination vive, expansive, irréfléchie ;* toutes les Suzanne aiment à causer.

Natures douces et *molles, inconsistantes ; sensibles, affectueuses et sensuelles.* Elles ne sont pas très pudiques et ont le *sens moral très indépendant.* Elles sont *coquettes et inconséquentes.* Que nous sommes loin de la légende de la chaste Suzanne de la Bible : n'était-elle pas une fausse naïve ?

Elles ont la *volonté* faible, *capricieuse ;* de l'*obstination dans les idées ;* elles *manquent d'ordre et d'économie,* et cependant *elles savent se tirer d'affaire avec habileté, sens pratique et ruse.*

Nom que je ne recommande pas, bien qu'il soit joli.

Physique : *Figure ronde,* ovale du haut, petite bouche ; *bien faites de corps. Blondes en général* ou blondes châtain.

Écriture : *molle, arrondie, rapide,* finales en *pointes allongées,* et des *traits allongés.*

Noms connus : Suzanne Necker.

SYLVIE

Nom gracieux, mais léger.

THÉODORE

Nom peu répandu.

Les Théodore ont l'*imagination forte, mais jamais vaga-bonde*, à la fois positive et fantaisiste. Ils aiment la critique et la moquerie.

Ils sont *sensibles, affectueux et assez sensuels ;* leur *tenue* est *plutôt raide, fière et correcte*, quelque peu dédaigneuse, et *peu communicative*. Ils ont *de la bonté, de la franchise et de la loyauté.*

Leur volonté est souple, plus tenace qu'entreprenante, et ils sont sûrs d'eux-mêmes.

Caractère indépendant.

Ensemble sympathique.

Physique : Plutôt bruns.

Noms connus : Théodore Dubois. Rivière. Tuffier. Ribot. Dupuy. De Banville. Hoffmann. Mommsen. Ducos. Roosevelt.

THÉOPHILE

Nom peu répandu.

Il donne de l'activité, une imagination peu profonde.

Un tempérament sensuel.

Des manières simples et d'assez bons sentiments.

Noms connus : Théophile Gautier. Roussel.

THÉRÈSE

Un des noms les plus caractéristiques de l'onomatologie par son extrême sensibilité, son affectuosité passionnée, son activité physique et cérébrale, sa délicatesse de sentiments et son besoin de s'épancher.

Les Thérèse sont intelligentes ; elles ont les *idées fines, l'imagination enthousiaste, irréfléchie ; parfois inconséquentes, mais au fond sérieuses ;* elles aiment beaucoup causer et sont spirituelles.

Elles ont une *nature vive, susceptible* par trop de sensitivité ; *douces, bonnes, dévouées, et délicates de sentiments.*

Affectueuses, caressantes, sensuelles ou mystiques, passionnées toujours, parfois névrosées.

Elles ont les *manières aimables,* vives et gracieuses, *simples et avenantes,* peu d'orgueil, de la dignité et de la réserve.

Franches, sincères, mais étourdies et oublieuses ; confiantes et spontanées.

Volonté active, mouvementée, assez tenace; promptes et décidées ; manquant souvent d'ordre, *mais propres et soigneuses* quand même.

Ensemble très féminin, fond idéaliste et croyant. Les Thérèse ne passent jamais inaperçues par leur grâce et leur bonté.

Sainte Thérèse : est le meilleur modèle des Thérèse. (Voir Préface.)

Noms connus : Cabarrus Tallien. Th. Bentzon. Levasseur.

THOMAS

Nom assez peu répandu dans les classes élevées.

Il donne *plus de fond que d'apparence,* de l'ardeur au travail, de *la simplicité et de la réflexion.*

Saint Thomas. Précoce, simple, savant.

Noms connus : Thomas (Alva) Edison. Carlyle.

Histoire : Torquemada. Thomas Becket.

TONY

Nom qui n'existe que dans les milieux artistes. Il donne une imagination pondérée, une volonté calme et positive, de la simplicité, et un caractère conciliant.

Noms connus : Tony Revillon. Robert Fleury. Sel mersheim.

URBAIN

Nom peu banal qui donne des qualités sérieuses et de bons sentiments.

VALENTIN

Assez bon caractère, et bons sentiments.

VALENTINE

Nom gracieux qui donne une imagination forte et rêveuse, de la douceur, des qualités de cœur et d'affectuosité, et une certaine légèreté de caractère.

VALÉRIE

Nom gracieux qui donne de la *douceur de caractère*, des qualités de cœur et d'affectuosité, mais une volonté faible.

VICTOR

Nom solide et sérieux.

Il donne une *intelligence large, assez lente et toujours profonde* ; un esprit observateur, *porté vers la critique* et la satire, et beaucoup d'imagination.

Les Victor sont *sensibles, impressionnables,* mais souvent

peu communicatifs parce qu'ils savent commander à leurs impressions. *Plutôt francs.*

Tempérament affectueux, sensuel et porté sur le beau sexe ; attachements profonds.

Tenue correcte et réservée, *manières aimables.* A la fois simples, orgueilleux, et d'un amour-propre très suscep-tible. Emportements, mais très contenus.

Les Victor ont la *volonté forte,* active et entreprenante, mais *prudente, réfléchie ;* ils sont sûrs d'eux-mêmes, et *assez indépendants de caractère.*

Un des meilleurs noms.

Noms connus : Alfieri. Victor Hugo. Capoul. Maurel. Margueritte. Napoléon. Cherbuliez. Dr Cornil. Considé-rant.

VICTORINE

Ce nom dérive de Victor, mais en plus doux, en qualités moins fortes.

VICTORIEN

Nom qui dérive de Victor, mais plus atténué et plus doux.

Noms connus : Victorien Sardou. Saussaye.

VINCENT

Ce nom, bien peu donné, indique une *volonté ferme, égale, de bons sentiments,* et des idées élevées.

Noms connus : Saint Vincent de Paul. Bellini. Gioberti. Voiture. Isola. D'Indy.

VIRGINIE

Ce nom donne de bonnes qualités, de la simplicité, de la douceur, des manières aimables et peu de volonté.

WILLIAM

Nom que je connais peu.

Il donne la douceur de caractère, les manières aimables, mais un *amour-propre très grand* sous une simplicité apparente. Une intelligence assez profonde, capable d'enthousiasmes, mais peu emballée.

De la *gaieté, de la bonhomie,* une *volonté calme, tenace et conciliante, avec de l'obstination dans les idées.*

Noms connus : Hogarth. Harwey. Thackeray. Wilhelm Leibniz. Shakespeare. Pitt. Bouguereau. Didier-Pouget. Barbotin.

XAVIER

Ce nom donne la douceur de caractère, des manières agréables, un esprit facile et charmant.

Noms connus : Xavier Marmier. De Montépin. Le P. Ravignan. De Maistre.

YVONNE

Ce nom donne surtout la *grâce et le manque d'énergie.*

Les Yvonne ont l'intelligence facile, l'*imagination curieuse, rêveuse et distraite ;* elles sont spirituelles, *moqueuses* et aiment à causer quand on les met à l'aise. *Assez superficielles.*

Elles sont *douces, sensibles,* aimant les bons procédés, et contentes d'être flattées. Elles sont affectueuses, aimantes, caressantes. Elles ont un *air gracieux et candide,* et sont *peu communicatives ;* leur *sens moral est assez large.*

Elles ont une *volonté moyenne, mais suivie,* l'énergie *faible,* de la mollesse et de l'indolence ; des *idées très obsti-*

*nées.; du calme ; un sens pratique des plus positifs ; elles savent
diriger leurs affaires avec habileté.*

Elles sont *assez susceptibles*, et il ne faut pas toujours les
croire sur parole.

Ce caractère d'Yvonne n'est pas facile à préciser, car il
manque totalement de relief.

Physique : *Blondes en général. Visage rond* et joli,
yeux vifs ; *corps bien fait*, manières agréables.

YVES

Nom très peu fréquent, mais assez sérieux.

Saint Yves : persévérance, études.

Noms connus : Yves Guyot.

ZOÉ

Nom peu donné, mais assez douteux.

TABLE DES MATIÈRES

I

PRÉFACE.

II

DICTIONNAIRE ONOMATOLOGIQUE.

NOMENCLATURE DES PRÉNOMS

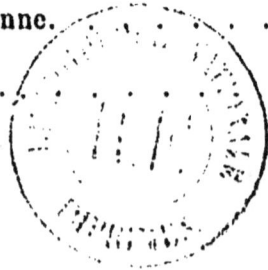

Poitiers. — Société française d'imprimerie et de Librairie.

Extrait de la Table des Matières

www.ingramcontent.com/pod-product-compliance
Lightning Source LLC
Chambersburg PA
CBHW070354090426
42733CB00009B/1417